排球运动及教学问题研究

丁勇 著

西北工業大學出版社

西 安

【内容简介】 本书分为八章，内容包括排球运动发展研究、中国排球运动发展现状、竞技排球运动规律探究、排球运动员、教练员与裁判员、排球运动教学分析、排球教学材料分析、校园排球人才培养和排球运动的可持续发展等。

本书可作为相关专业以及从事相关职业的人员阅读参考。

图书在版编目（CIP）数据

排球运动及教学问题研究 / 丁勇著. -- 西安 : 西北工业大学出版社, 2020.8

ISBN 978-7-5612-7256-5

Ⅰ. ①排… Ⅱ. ①丁… Ⅲ. ①排球运动－教学研究②排球运动－运动训练 Ⅳ. ①G842.2

中国版本图书馆 CIP 数据核字(2020)第 154451 号

PAIQIU YUNDONG JI JIAOXUE WENTI YANJIU

排球运动及教学问题研究

责任编辑：朱辰浩　　策划编辑：李　萌

责任校对：孙　倩　　装帧设计：吴志宇

出版发行：西北工业大学出版社

通信地址：西安市友谊西路 127 号　　邮编：710072

电　　话：（029）88491757，88493844

网　　址：www.nwpup.com

印 刷 者：北京市兴怀印刷厂

开　　本：710 mm×1 000 mm　　1/16

印　　张：13

字　　数：202 千字

版　　次：2021 年 1 月第 1 版　　2023 年 4 月第 2 次印刷

定　　价：68.00 元

前　言

中国体育是中国改革开放的受益者，40 多年来，在体育理论和体育实践两方面都取得了巨大的进步，学科建设突飞猛进，社会体育精彩纷呈，竞技体育再攀高峰，体育产业异军突起，中国体育正在改革开放中向着体育强国的目标进发。当然，中国体育也为中国的改革开放和中国梦的实现贡献着力量。

排球运动历经一个多世纪的发展，在技术、战术和规则等方面发生了巨大的变化，每一项技术、战术变化和规则的修改对排球运动都起到了积极推进的作用。特别是近几年来，四大洲群雄争霸，世界排球竞技舞台上涌现出一大批天才球星，运动员的技术、战术、身体和体能条件进一步向排球运动专业特征靠拢。深入研究排球运动的发展方向，进一步推动排球运动的普及，促进排球产业的健康发展，为中国排球的健康发展提供良好的环境和土壤，是促进中国排球进步，提高中国竞技排球水平的重要途径。

中国排球运动发展的现状主要包含中国竞技排球运动的发展和中国群众排球运动的发展。中国男排和女排代表着中国竞技排球的总体实力，众所周知，女排是国人的骄傲，20 世纪 80 年代的五连冠和最近的三连冠足以体现中国女排的实力。而中国男排还是年轻的队伍，因此在世界的排名并不高，主要是男排的后备力量和女排相比是少之又少，在一定程度上制约了中国男排的发展。另外，中国群众排球的发展现状也是不容乐观。增强体质、提高大众普及程度和规模为主要目的的群众排球运动主要由在大、中、小学开展的校园排球活动和包括事业单位、机关、部队、社区、农村等在内的城乡大众排球活动这两部分组成，但发展状况却不尽人意。本书致力于对我国排球运动与教学进行系统的总结与分析，探索一条适合我国排球运动发展的健康之路。

本书共分八章，对排球运动的发展和教学进行系统的分析和研究，主要内容包括排球运动发展研究，中国排球运动发展现状，竞技排球运动规律探究，排球运动员、教练员与裁判员，排球运动教学分析，排球教学材料分析、校园排球人才培养以及排球运动的可持续发展等。

在本书的撰写过程中，笔者参阅了许多参考资料和其他学者的相关研究成果，在此表示由衷的感谢！

鉴于水平有限，书中难免出现一些不妥之处，恳请广大读者、专家学者进行指正。

著 者

目　录

第一章　排球运动发展研究

第一节　排球运动的起源及传播

一、排球运动的起源与传播

美国是排球的发源地。1895 年，美国一位叫作威廉·摩根(W.G. Morgan)的年轻人发明了排球。经过 100 多年的发展和传播，排球已经从最初的仅仅是少数人的娱乐方式，成为世界五大洲人民喜闻乐见的体育运动项目之一。

1896 年，排球作为一项新的运动项目，被美国春田市春田青年会干事培养学院的学生在青年体育干事会上正式推出。尽管当时采用的是示范表演形式，但一经公开演示，立即得到了广大观众的喜爱，并迅速在美国国内传播开来。此后，排球被美国传教士在进行传教的同时带到了世界各地，为排球的传播做出贡献的还有派驻外国的军官、士兵。1900 年排球被率先传入与美国相毗邻的加拿大，1905 年排球成为古巴人民深受喜爱的运动，1912 年乌拉圭兴起排球热，1914 年以排球作为休闲娱乐活动成为墨西哥的一种时尚，1917 年巴西也掀起了排球运动的热潮。

排球运动是在其不断发展的过程中逐渐传入周边各国的。由于排球运动传入各国的时间不同，所以其运动形式以及各自施行的规则也有所不同。世界上第一场的排球公开赛(1896 年在美国春田市举行)采用的是五人制；传入美洲时，五人制已演变成六人制。最初美洲各国的排球赛事，在很长一段时间内只是被当作一种休闲娱乐活动，并不带有竞技性质，使得整个美洲的排球运动技术水平在相当长的时期内没有得到明显提升。1964 年，第 18 届奥林匹克运动会在日本东京举行，在此次奥运会上，排球(男、女)作为新增的奥运会正式(非表演)项目，引起了世界各国的瞩目。第 18 届奥运会上，“全日本女子排球队”一举夺冠，其教练大松博文创造并推行了勾手飘球、前臂垫球的技法，且采取了“翻滚防守”的战术，将排球运动推向世界体坛。此后，世界排球运动进入了日本女排与苏联女排争霸的局面，这种局面的形成，极大地刺激了排球运动的发展，世界各国的排球运动水平迅速提高，美洲的排球技术也在这种国际大环境中随之提高。

排球在亚洲的传播和发展，并不比其在美洲的传播和发展晚很多，其传播的主要途径是基督青年会。排球最早被传入的亚洲国家是印度，传入时间为 1900 年；1905 年，随着西方文化不断地渗透，作为文化现象的体育也迅速渗入中国，排球作为体育项目之一，也不例外；1908 年，一位名为“大森兵藏”的先生在美国春田市的大学毕业后，将排球带回了日本，排球传入日本时为九人排球；1910 年排球由美国人布朗带到菲律宾。

排球在被传入亚洲时，许多规则还处在雏形阶段，尽管经过了多次改善，仍然不够完备。当 1910 年排球运动被传入菲律宾时，传入者美国人布朗发现，亚洲各国喜好多人同时在户外进行排球活动。为了能够使多人排球运动能够充分满足人们的需求，布朗向菲律宾人民推荐了 16 人换发球制的排球。1913 年，第一届远东运动会在菲律宾马尼拉举行，这种 16 人换发球制被迅速传入亚洲各国。此后，亚洲各国的排球运动在不断演化、转变，由 16 人制排球逐渐发展为 12 人制排球、9 人制排球。20 世纪 50 年代亚洲正式引进 6 人制排球运动。在亚洲排球技战术发展的推动下，世界排球运动得到了迅速的发展。

第一次世界大战时期(1914—1919 年)，排球运动由美国士兵传入欧洲。第一次世界大战期间，排球运动在美军国内以及国外军事训练营得到了极大的推广，作为一项重要的军事训练计划，受到了高度的重视，排球不仅被发放到美国军人的手中，在盟军的体育官员们眼中，美国军官赠送给他们的排球，也是极其珍贵的礼物。排球运动从此在欧洲大陆迅速推广开来，甚至连地中海沿岸也掀起了排球运动的热潮。排球运动传入欧洲各国的时间分别为：1914 年传入英国，1917 年传入法国、意大利和俄国，1918 年传入南斯拉夫，1919 年传入捷克斯洛伐克、波兰，1922 年传到了德国。

排球运动传入欧洲时，已经发展为具有竞技性的 6 人制排球，由于排球运动在欧洲的起步水平比较高，所以一经传入欧洲就得到了飞速的发展，使得欧洲国家的排球技术水平在相当长的一段时间里在世界排坛独占鳌头。1925年，苏联在国内大力推广排球运动，排球运动迅速成为深受民众喜爱的群众性体育项目，为了使排球运动更好地在国内普及和发展，政府提出了"百万人排球运动"的号召。排球运动传入东欧是在第二次世界大战后，东欧各国受到苏联士兵的影响，开始在各自的国家推广排球运动。

排球运动在非洲得以普及始于1923年，传入的国家有埃及、突尼斯和摩洛哥等。但迄今为止，非洲排球运动的技战术水平在世界排坛上一直处于相对落后的状态，这种状态缘于排球传入的时间较晚，同时由于非洲社会发展和经济水平的相对落后，使得排球运动不能得到很好的普及和发展。

二、世界排球运动的发展

迄今为止，世界排球运动已经有了100余年的历史。世界排球运动的发展历程大致可分为3个阶段。

（一）娱乐排球阶段

随着排球运动的发展以及排球技术的快速提高，排球规则也在不断地被修改并得到完善，尤其是20世纪20年代初期至30年代末，在排球运动规则中，排球技术动作、战术配合以及队员在运动场上的位置分工都有了明文规定。这一时期，排球运动的技术水平得到了极大的发展，技术手段也更为多样化，从而使排球运动从单一的娱乐形式发展为有意识、有目的和有组织的团队作战形式。

20世纪30年代末至40年代，是排球技战术快速发展的重要时期。在排球运动的不断发展过程中，人们越来越觉得集体拦网为扣球的进攻产生了很大的阻力，因此，为抗衡集体拦网，人们推出了大力扣球和吊球相结合的技法和战术，而为了应对大力扣球与吊球的联合进攻，拦网保护战术体系应运而生。至此，排球运动的娱乐游戏性质逐渐削弱，而竞技对抗性质逐渐增强。

在娱乐排球阶段的初期，人们所组织的排球运动形式多种多样，没有形成固定的模式，不仅没有制定相关的竞赛制度，也没有统一的竞赛规则，更没有权威性的组织。随着排球运动的发展，统一的竞赛规则、严格的竞赛制度及权威性的组织机构已经成为一种需要，在这样的历史背景下，排球技术委员会问世了。排球技术委员会成立于1936年的奥林匹克运动会期间，是世界上第一个国际性的排球组织，但是由于第二次世界大战爆发，还没有来得及开展工作的排球技术委员会就被迫解体了。

（二）竞技排球阶段

第二次世界大战使世界排球运动一度停滞不前，这种状况在第二次世界大战后得到了改善。1946 年 8 月 26 日，在布拉格会议中，法国、捷克斯洛伐克和波兰 3 国的排球代表倡议在国际范围内成立排球联合会。1947 年 4 月，国际排联成立大会在法国巴黎召开，在会议中，法国人保尔·黎伯出任国际排联第一任主席，成立了技术委员会、竞赛委员会和裁判委员会；会议通过选举将巴黎定为国际排联的总部，并明确规定选用英语和法语作为联合会的工作语言；会议不仅制定了国际排联的宪章，还系统地制定了国际排球竞赛规则并正式出版。国际排联的成立，是排球运动从娱乐阶段转入竞技阶段的重要标志。

国际排联成立后，世界性的排球大赛进行得风生水起。1948 年第 1 届欧洲男子排球锦标赛在意大利罗马举行；1949 年第 1 届世界男子排球锦标赛在捷克斯洛伐克布拉格举行。此后，1949 年第 1 届欧洲女子排球锦标赛、1952 年第 1 届世界女子排球锦标赛都在国际排联的组织下举办成功。1964 年，经由国际奥委会批准，排球被纳为奥运会的正式比赛项目。同年，男排和女排均出现在第 18 届奥运会上，举世瞩目。1965 年，第 1 届男子世界杯排球赛在波兰华沙举办。1973 年，第 1 届女子世界杯排球赛在乌拉圭蒙得维地亚举办。1977 年，第 1 届世界青年男、女排球锦标赛在巴西里约热内卢召开。

上述赛事的举办，奠定了世界排球大赛制度建立的基础。排球锦标赛、世界杯排球赛、奥运会排球赛这 3 项健全的世界大赛形式，从此成为传统，直至今日。这些国际性排球赛事的蓬勃发展，意味着排球竞技时代的全面到来。在这些国际赛事的促进下，排球运动的技战术得到了广泛的交流和飞速的发展，世界排坛形成了风格各异的技战术风格。

在竞技排球阶段，最具代表性的排球技战术有捷克斯洛伐克男队的“技巧派”、日本队的“速度派”、民主德国队的“高度派”以及苏联男女队的“力量派”。捷克斯洛伐克男队在技战术上着眼于扣球的线路变化以及落点控制，强调打吊结合，在1956年巴黎世锦赛上由于一举击败苏联队而闻名。日本队创造了“短平快”“时间差”“位置差”等战术，在世界排坛被誉为“速度派”而初露锋芒，日本排球队在比赛中不仅能够快速配合，而且攻防兼备。民主德国队队员的技艺非常高超，扣球成功率极高，在世界排坛被称为“高度派”。苏联队则以身体素质的绝对优势对其他国家的排球队员产生了极大的威慑力，苏联队员，无论男女，均身高体壮，扣球的力量十分大，号称“力量派”，多次蝉联世界冠军。排球运动的不同流派以及各国不同的战术风格，在世界排坛上呈现出了一派繁荣景象。从简单地追求高度和力量转向提升技术和战术，从技术与战术的单一模式发展为不同流派竞相绽放，从只注重个人技巧转向着眼于集体战术的配合，从片面地追求进攻效果到强攻严守的相互结合，排球运动的发展产生了质的变化，飞速发展。

(三) 现代排球阶段

到了20世纪80年代，排球运动开始进入现代排球阶段。

1．全攻全守排球

全攻全守的整体排球蕴含着两层含义，它不仅是一种技战术打法，而且还是一种战术指导思想。在全攻全守的整体排球思想的指导下，20世纪80年代，中国女排蝉联五连冠、美国男排夺取了四连霸。从此，这一指导思想迅速被世界排坛所接受，并得到广泛的推广和蓬勃的发展。所谓的全攻，是以攻为主导的一种总体进攻思想，即将攻贯穿于整个比赛过程中，发球、拦网、防守，环环相扣，以高快结合、前后结合的技战术打法，进行全面型的进攻。其主要特点有以下几方面。

(1) 全攻全守排球打破了主、副攻分工的界限，这种突破能够使主攻和副攻形成相互掩护的局面。

(2) 全攻全守排球形成了复式组合的立体进攻形式，在比赛过程中，前排快攻体系与后排进攻体系交叉掩护，相辅相成。

(3) 全攻全守排球组织进攻战术的二传核心在网上以及场地进行纵深扩展，这种技战术极大地提高了攻击性和组成率。

(4) 接应二传的作用在比赛过程中被大大提高，以前后排跑动为主要手段进行进攻，成为比赛中得分的重要途径。

(5) 全攻全守排球中，替补队员拉近了与主力队员之间的差距。全攻全守排球能形成不同的组合，各种不同的组合就会产生不同的特点，从而提高了球队的整体实力。

在排球赛事中，进攻与防守缺一不可，是一个不可分割的整体。排球运动中防守水平全方位的提高，是现代排球技战术飞速发展的重要前提，全面防守战术的特点主要表现在以下几方面。

(1) 在全方位的防守中，可以通过手、脚和身体的各种动作进行防守，防守的质量得到了很大的提高。

(2) 全方位防守不再运用固定位置的“等待防守”，而采用有预判的“出击防守”。

(3) 全方位防守有效地运用整体效应，着眼于前排拦网与后排防守的战术配合，大大地提高了整体防守的质量。

(4) 不再采用单一的防守阵型，而是针对对方进攻特点，随机应变。

(5) 放眼大局，根据预判的整体防守效果进行防守阵型的安排和队员位置的变换。

现代排球技战术的飞速发展，对排球运动队提出了严格的要求，一个优秀的排球队，不仅要具备过硬的、全面的攻防技术，还需要在战术打法上灵活多变；同时，要求排球运动员具备极高的综合素质，因为，无论是运动员的体能还是心智，都将在排球运动高强度、高技术水平的激烈抗争中接受严峻的考验，一旦运动员在体能或是心智上存在缺陷或是薄弱之处，就可能导致失败的后果。

2．社会化、商业化和职业化排球

现代排球继“全攻全守”之后进入了“社会化、商业化和职业化”。

1984 年，国际排联换届，墨西哥人阿科斯塔出任国际排联主席。阿科斯塔上任之后采取了一系列的举措对排球运动进行了改革和调整，致力于将排球运动事业得到全面的发展。在阿科斯塔的领导下，国际联排通过现代化传播媒介，将排球运动推向社会。由于传媒所具有的独特的商业性，所以通过传媒走向社会的排球运动自然而然就被商业化。国际排联积极顺应社会发展趋势，对排球运动进行了果断的改革，修订赛制、完善规则，将排球运动推向市场，从而完成了现代排球“社会化、商业化和职业化”的历史使命。在排球运动走向市场的过程中，世界男排联赛、女排大奖赛都是成功的范例。在排球职业化道路上，意大利排协向社会推行了排球职业化制度，并建立了许多排球俱乐部，使意大利的排球技战术水平飞速发展，其中，意大利男排的技术发展十分显著。此后，西欧国家的职业排球形成了一派欣欣向荣的景象，法国、德国、比利时和荷兰等国的排球运动久兴不衰。排球运动的社会化、商业化和职业化，不仅最大限度地促进了排球运动技术的提高，同时也刺激了这些国家的经济增长，许多国家，如日本、俄罗斯、韩国，以及美国、拉美和东欧国家也纷纷走上排球职业化、商业化的道路。

现代排球的社会化、商业化和职业化，是排球运动发展的必然趋势，现代排球运动技战术的快速发展是排球运动社会化、商业化和职业化坚实的基础；而阿科斯塔主席领导的国际排联采取的一系列体制改革是排球运动走向社会化、商业化和职业化的良好条件。

3．“大排球”观念的形成

现代排球阶段的第三个内涵是“大排球”。

现代排球的社会化、商业化和职业化，对排球运动自身的发展起到了推波助澜的作用，国际排联的队伍迅速壮大，1999 年，国际排联已经拥有 210 多个会员国，成为世界上最大的单项运动协会。排球比赛已经成为在国际上受到世人瞩目的一项比赛，每一场排球比赛几乎都能拥有数以亿计的现场观众和电视观众。

同时，排球运动也衍生出多种多样的运动形式，变化多端的运动形式不仅能够满足不同群体的运动和观赏需求，同时还满足了不同环境条件对排球赛事的要求。室内 6 人排球在国际排联有计划、有针对性的推广下，很快得到了普及。国际排联还通过推广形式多样的排球运动，进行排球人口的开发。为了让排球运动在青少年中得到普及，增强青少年体质，“学校排球部”在国际排联的领导下正式成立，“学校排球”和“迷你排球”活动得到了大力推广，此后，世界少年排球锦标赛形成了每两年举行一次的惯例。近年来，在学校排球中兴起的软式排球运动，成为世界排球运动中一支举足轻重的新生力量。随着残疾人体育项目在国际体育比赛中的地位逐步提高，排球运动也成为深受残疾人喜爱的一种体育运动项目。排球的其他形式，如气球、墙排球、雪地排球和水中排球等也应运而生。总而言之，凡是和排球运动有关的发展都会受到社会的重视，“大排球”的观念已然形成。

第二节　排球运动在我国的发展

一、竞技排球的发展

我国排球运动的发展经历了五个阶段：1949 年前为传播时期，这一时期，中国的排球发展缓慢；中华人民共和国成立后，即 20 世纪五六十年代，中国的排球得到了普及和推广，是中国排球的发展时期；20 世纪 70 年代至 80 年代中期，中国排球的技战术得到了极大的创新，发展取得了辉煌的成绩；20 世纪 80 年代末至 90 年代，中国排球屡屡挫败，进入低谷时期；21 世纪，中国审时度势，及时调整排球发展的方针和策略，中国排球再创辉煌。

(一) 传播和缓慢发展时期(1949 年以前)

我国排球发展的第一个阶段是 1949 年中华人民共和国成立之前，在这一阶段，我国的排球运动的传播和发展比较缓慢。

1905 年，随着西方文化在东方的渗入，排球运动作为文化的形式之一，被基督教青年会体育部、留学生和外籍人士等以教学、游戏、训练班和表演等方式传入中国。中国最早兴起排球运动的地区是广州南武中学和香港皇仁书院。此后，排球运动在我国部分城市的一些学校中也开始流行，排球运动逐渐在中国推广开来。1913 年中国排球队前往菲律宾参加了第 1 届远东运动会排球赛。尽管在这个世界上第一次正式的排球国际比赛中只有中国和菲律宾，我国的代表队又是临时从田径、足球队中抽调了一些运动员拼凑起来组成的，但比赛打得精彩、激烈，引起了人们的兴趣。这些队员回国后，将正式的排球运动带到了广州、台山和文昌等地。

1914 年，男子排球在我国举行的第 2 届全运会中被列为正式比赛项目。1915 年，在上海举行的第 2 届远东运动会上，中国男排荣获冠军。我国女子排球首次现身于运动会是在 1921 年的广东省运动会上。至 1934 年，中国男排参加了 10 届远东运动会，获得了 5 次冠军；中国女排参加了 6 次远东运动会，获得了 5 次亚军。

远东运动会对我国的排球运动产生了极其深远的影响，排球赛事由 16 人制、12 人制、9 人制直至演变为 6 人制。1915—1919 年，16 人制应用于我国的排球比赛。1919—1927 年，12 人制应用于我国的排球比赛，参赛的双方每队各选 12 名队员上场，12 人共站成 3 排，每排 4 人，运动员在场上位置一经固定，就不再进行轮转。当时已出现上手发球、正面扣球、单人拦网及倒地救球等技术动作。1927—1951 年我国排球比赛采用 9 人制，双方各 9 名队员上场，站成 3 排，每排 3 人站位，位置同样采用固定不进行轮转法。在 9 人制排球赛中，排球的技术得到了很大提高，勾手飘球、大力发球、勾手扣球和鱼跃救球等技术均成为排球赛事中的亮点。在第 8 届以及第 9 届远东运动会上，由于菲律宾的队员身材高大，所以对我国队员的进攻产生了极大的阻碍，为了突破拦网，我国队员的“快板球”技术应运而生，并采取了快球及快球掩护下的两边拉开进攻的战术与身材高大的菲律宾队员进行抗衡。在采用 6 人制之前，9 人制排球在我国施行了长达 24 年的漫长历史，在这 24 年中，我国运动员根据实践经验，充分发挥聪明才智，创造出了很多实用的技战术，这些技战术具有很高的水平和价值，形成了具有中国特色的排球技战术。

(二) 推广普及与发展时期(20 世纪五六十年代)

我国排球运动发展的第二个阶段是 20 世纪的五六十年代，在这一阶段，我国的排球运动得到了推广普及和发展。

随着排球国际比赛的不断发展，推广普及排球运动、提高排球技战术、完善排球比赛规则和制度，已经提到了中国排球的议事日程上。为了与国际排球比赛相接轨，1950 年 7 月，中华全国体育总会召开了全国体育工作者暑期学习会议。在会议上，体育总会向参与会议的体育工作者详细介绍了国际排联制定的 6 人排球竞赛规则和方法。同年 8 月，中华全国体育总会组织了一个代表队前往布拉格去参加世界学生第 2 次代表大会的排球比赛，中国代表队由中国学生组成。1951 年 1 月，中国青年男子排球队组成，并前往柏林参加了第 11 届大学生冬季运动会和第 3 届世界青年联欢节。1951 年 5 月，6 人制排球比赛正式应用于在北京举行的第 1 届全国篮、排球比赛，同时组建了国家男、女排球队。中国青年女子排球队组建两年后，随中国代表团前往布加勒斯特参加了第 1 届国际青年友谊运动会排球赛。1953 年，中国成立了排球协会，1954 年，中国排球协会成为国际排联的正式会员。当时，东欧各国在国际排坛上处于领先地位，中国男、女排球队为学习东欧诸强的先进技战术和训练方法，在前往参加第 12 届大学生运动会途经苏联时，相继到莫斯科、里加、基辅和明斯克等城市采取边训练、边比赛的方法，汲取苏联排球技术的精华。

在学习先进的排球技战术过程中，中国不仅施行了“走出去”的政策，还积极实施“请进来”的方法，对外国的先进技术及理论不断地汲取精华、推陈出新。在这个“请进来”的过程中，捷克斯洛伐克军队男排以及保加利亚男、女排球队先后应邀来我国访问。

1956 年，国家体委举办了全国排球教练员训练班，地点设在北京和天津，主讲专家来自苏联。苏联先进的排球运动训练的理论与方法在学员当中得到广泛的普及和推广，对我国排球运动的发展起到了助推作用。为了更深入地普及排球运动，国家体委颁布了《中华人民共和国运动员、裁判员等级制度条例(草案)》。同年，高等教育部、中等教育部颁布了《一般高等学校体育课试行教学大纲》《中等学校体育教学大纲(草案)》和《师范学校体育教学大纲(草案)》，在这些草案和大纲中 6 人制排球均被列为必学教材。在国家政策和全国联赛的推动下，我国各大、中城市也都积极开展排球竞赛活动，而由于地区的不同，各地的排球竞赛又具有着本地区独特的色彩。

综上所述，20 世纪 50 年代，“普及”和“提高”两手抓，我国 6 人制排球运动迅速上了一个新的台阶。20 世纪 60 年代前后，我国各省、市的排球运动在技战术以及风格上呈现出竞相绽放的状态，各省根据自己的区域特点形成了各自的特色。例如，广东排球队的特点是快速配合，四川排球队的风格是细腻稳健，北方排球队的优势是高打强攻，解放军排球队的特征是勇猛顽强，上海排球队的特点是善于变换战术等。这些地方排球队在技战术以及风格上灵活多变的特色，足以体现 6 人制排球技战术水平在我国得到了充分的发展和发挥。我国在排球训练的过程中，坚持“三从一大”，即从严、从难、从实际出发、大运动量的训练原则，使我国排球运动水平得到了显著的提升。我国在排球运动的国际交流中，不仅学习到了日本女排的勾手飘球、垫球技术和滚动救球技术，并且还创造了属于中国人的独特技法，如“盖帽拦网”和“平拉开扣球”技术。

(三) 创新发展与全面辉煌时期(20 世纪 70 年代至 80 年代中期)

我国排球运动发展的第三个阶段是 20 世纪七八十年代，在这一阶段，我国的排球运动得到了创新发展，并且取得了辉煌的成就。

1972 年，中国的体育比赛得以恢复，同年，举办了“五项球类运动会”，并召开了“三大球训练工作会议”。会议将球类训练的指导思想做出了明确规定，并从此于每年的冬天进行有组织、有计划的球类集中训练。

1976 年，我国迎来了经济和文化复苏的春天，国家组建了新的男、女排球队。1977 年，在世界杯排球赛(男子第 3 届、女子第 2 届)中，我国男排与女排取得了第 5 名与第 4 名的好成绩。1978 年，在世界排球锦标赛中，我国男排获得第 7 名，女排获得第 6 名。1979 年，在亚洲锦标赛中，我国男排与女排分别力挫日本队和韩国队，双双夺冠，并荣获参加奥运会的资格。中国男、女排获得参加奥运会资格，标志着中国排球冲出亚洲，开始走向世界。

1981 年 3 月在世界杯亚洲预选赛中，中国男、女排球队再次荣获冠军。同年 11 月，在日本举行的第 3 届排球世界杯赛中，我国女排以 7 战 7 捷的骄人成绩，荣获世界冠军的称号，这也是我国第一次荣获世界冠军的称号，我国三大球的翻身仗首战告捷。1982 年，在秘鲁举行的第 9 届世界女排锦标赛中，我国男、女排球再次夺冠，1984 年，在美国举行的第 23 届奥运会排球赛中，中国女排继续发扬了顽强拼搏的精神又一次获得了冠军，中国的五星红旗第一次在奥运会的赛场上空冉冉升起。此后，中国女排在 1985 日本举行的第 4 届女排世界杯、1986 年捷克斯洛伐克举行的第 10 届世界女排锦标赛中连续夺冠，创造了世界女排大赛中“五连冠”的奇迹。

20 世纪 70 年代末到 80 年代初，我国的排球技战术得到了突飞猛进的发展。我国男排不仅积极学习世界排球的先进技战术，而且还勇于创新，将国外的技战术的精华与我国“快速灵活”“集体配合”传统打法相结合，开创了“前飞”“背飞”“拉三”“拉四”等新技战术，并在实践中形成了独特的“快速多变、以巧制胜”的技战术打法。1977 年，我国男排在世界杯中获得第 5 名；1978 年，我国男排在世界锦标赛中获得第 7 名；1981 年，我国男排获得世界杯第 5 名。中国男排以其雄厚的实力冲出了亚洲，并向世界排球诸强宣战。这一时期，中国的排球运动以“全攻全守、能高能快”的独特技战术，在世界排坛中占据了十分重要的位置。

(四) 步入低谷时期(20 世纪 80 年代末至 90 年代)

20 世纪 80 年代末至 90 年代，我国的排球运动开始下滑，跌入低谷。

20 世纪 80 年代，世界排球运动的发展趋势形成了鲜明的对比，中国男排呈现下滑趋势，而世界其他各国的排球运动则飞速发展。1982 年，在世界锦标赛上，中国男排只获得第 7 名，痛失进入前 4 名的机会。从此，中国男排在世界排球赛事中的成绩急转直下：1983 年，在亚洲锦标赛上，失去了参加洛杉矶奥运会的资格。1984 年，尽管由于东欧等国家抵制洛杉矶奥运会，中国男队才获得了参赛资格，但最后却以 1 胜 5 负的成绩获得第 8 名。1985 年，中国男排在世界杯亚洲预选赛中又以 1∶3 负于韩国，失去了参加世界杯赛的资格。1987 年，在亚洲锦标赛上，中国男排负于日本而失去参加第 24 届奥运会的资格。1989 年，在亚洲锦标赛上中国男排负于日本队和韩国队，仅名列第三。

此后，中国排球运动在世界赛事中成绩有所回升，但仍处在不稳定阶段。1995年，中国女排获得亚洲锦标赛冠军冲出亚洲，并于同年获得世界杯赛的第 3 名，1996 年又获得奥运会排球赛亚军，1998 年世界锦标赛再次获得亚军，1999 年世界杯第 4 名，2000 年奥运会成绩下降至第 5 名。

1997 年，中国男排重夺亚洲锦标赛的桂冠。在 1998 年世界锦标赛中，中国男排没能进入前 12 名。1999 年亚洲锦标赛上中国男排成功卫冕，但却于同年底在上海举行的亚洲区男排奥运会资格赛中失去了冲进奥运会的机会。

(五) 重塑辉煌时期(21 世纪)

在经历了 2002 年世界锦标赛第 4 名的成绩后，中国女排痛定思痛，重整旗鼓，变压力为动力，在 2003 年世界杯女排比赛上，以 11 战全胜的好成绩夺取了冠军，这是继中国排球滑入低谷 17 年来获得的第一个世界大赛的冠军。这次夺冠极大地鼓舞了中国排球队的士气，此后，中国女排越战越勇。2004 年，在雅典奥运会上，中国女排发挥了顽强拼搏的精神，排除万难，最终夺取了冠军，至此，阔别了 20 年的奥运冠军又重新回到了中国女排的怀抱。

随着中国女排在国际排球赛事中的再创辉煌，中国男排的成绩也得到了提升，在 2003 年的世界杯上获得第 10 名。2004 年在奥运会预选赛中，尽管中国男排被澳大利亚队击败，但却先后攻克了韩国、日本和伊朗这三支亚洲排球劲旅，使中国男排获得了宝贵的实战经验和极大的鼓舞，为中国男排日后的复兴和发展留下了广泛的空间。在 2008 年北京奥运会上，中国男排取得了历史最好成绩第 5 名。由于在奥运会预选赛中失利，中国男排无缘 2012 年伦敦奥运会。21 世纪，中国排球在世界排球比赛的整体情况使我们认识到，中国男排与世界排球在实力上仍存在着很大的差距。

综上所述，中国排球只有进一步提高技战术、完善中国排球队的管理机制、在思想和意识上与国际排球的现代排球意识及时接轨、接受外国先进的排球训练理念并勇于创新，才能迈上新的台阶，才能走出国门、冲出亚洲跻身于世界排坛。

为了推动中国排球的发展，中国排球协会制定了以下几项目标和方针：

(1) 大力发展以青少年和学校为重点的群众性排球运动；

(2) 建立与我国社会发展相适应的训练管理体制，实施符合排球运动的运行机制，在格局上，使排球职业化与非职业化相辅相成，彼此促进，共同发展；

(3) 努力提高我国排球运动的整体水平，中国男排不仅要力争亚洲先锋，还要争取在世界排坛第二集团遥遥领先。

在国家政策的引导下，我国排球运动正沿着正确的方向稳步向前发展。2015年，中国女排在世界杯赛的逆境中拼下冠军，重新回到排球一流队伍的行列。2016年，在里约热内卢奥运会中，中国女排荣膺奥运冠军。我们不难看出，中国排球运动要想达到世界一流，只有认真贯彻中国排球协会制定的方针，踏踏实实地从培养青少年做起，使地方队能够及时为国家队提供充足的后备力量，不仅要汲取世界排球训练与先进管理理念的精华，还要拓展思路，在技战术上勇于创新，同时还应该积极引导体育职业化的发展，与国际体育模式接轨。

二、我国学校排球的发展

(一) 排球运动在高校的开展

近年来，由于国家对排球事业进行了政策性的引导，积极发展校园排球运动，大力培养排球运动的后备力量，我国的教学也进行了相应的改革，排球在高校得到了进一步普及和提高，并逐渐摆脱了受冷落的境地，成为颇受学生欢迎和喜爱的运动项目。

1．竞技排球进课堂

我国校园排球运动最显著的特点是竞技排球走进了课堂。由于受到体育教学制度改革的推动，以及我国全民健身活动发展的影响，所以我国很多高校将体育课教学改为体育专项课教学，并开设了排球专项课。为了促进校园排球的发展，有的学校还开设了“选修班”，进一步提高学生的技术水平。有的学校则对学生进行排球竞赛规则的讲解和培训，并设立裁判员培训班，甚至通过考核，审批了一批三级排球裁判员，为向国家输送优秀的排球从业人员做出了积极的努力。

2．建立高水平运动队

1986 年，全国学校业余训练座谈会在国家体委和国家教委的主持下召开，在会议上，国家体委和国家教委明确了我国学校体育工作的基本任务，要求各高校积极发展学校体育运动，不仅要增强学生体质，更要使学校体育运动成为提高学生体育技术水平的重要途径，同时指出，这也是我国教育事业和体育事业的根本任务。全方位提高高校体育运动整体水平，不仅要提高大学生的体育技能，同时还要提高大学生的社会主义觉悟和科学文化知识水平，为国家输送高素质的运动员。2002 年，中山大学女子沙滩排球队参加了首届世界大学生沙滩排球锦标赛，并取得了第 3 名的好成绩。在 2003 年世界大学生运动会上，南开大学女排夺得冠军。2004 年以来，北京体育大学男排、北京航空航天大学男排、复旦大学男排、南开大学女排和武汉体育学院女排的英姿开始出现在全国排球联赛中。近年来，福建师范大学男排、天津工业大学男排和四川大学女排等一批高校与运动队联办的体教结合型运动队出现在全国排球联赛中，为全国排球联赛的举办与运动队社会化开拓了思路。

3．校内排球竞赛活动丰富多彩

随着国家加大了对校园排球发展的推动作用，校内排球竞赛活动已经呈现出一派欣欣向荣的景象。排球作为高校主要的体育课程，已经成为大学校园文化的重要组成部分，学生参与排球运动的热情十分高涨。大学校内高水平排球队的建设与辐射作用，使得校园排球活动开展得生机勃勃，很多大学将排球竞赛列为每年必将举行的赛事，校园排球竞赛活动的开展极大地促进了学生体育意识的养成和体育锻炼行为的形成。

4．校际排球竞赛交流开展活跃

1989 年，中国大学生体协排球分会正式成立，分会主要负责全国大学生排球联赛。此后，各省、市、自治区大学生排球协会也相继成立。在各地大学生排球协会的积极组织和安排下，我国大学生排球运动赛进行得风生水起。2006—2007 年中国大学生排球联赛(CUVA)的横空出世，标志着我国大学生排球运动进入一个崭新的迅猛发展时期。目前，联赛的影响已覆盖全国，而其历时之长、地域之广、参与人数之多和影响之大是国内一般高校体育联赛所无法媲美的。到 2015 年，中国大学生排球联赛已成功举办了 9 届。

(二) 排球运动在中、小学的开展

随着德、智、体、美全面发展的教育方针的深入贯彻，以及国家对排球运动进行的宏观调控，无论是教育实施者还是受教育者，都清楚地认识到：深入普及以及积极开展排球运动，不仅有利于学生体质和健康的增进，更有利于推动我国排球运动事业的发展。在我国中、小学中，排球运动已经越来越受到重视，许多学校从多方面着手，进行排球运动的发展和建设。这些学校不仅加强了学校排球体育设施的基础建设，为排球运动的发展提供了坚实的物质保证，同时，通过各种辅助手段积极引导学生增强参与排球运动的兴趣，并针对中、小学生心理及生理上的特征，采用灵活多变的教学方法，举行形式多样的排球运动，寓教于乐，将排球技术在教学深入推广。在排球文化的宣传上，许多中、小学开展了学习中国女排夺得“五连冠”中顽强拼搏精神的活动，由于受到中国女排精神的鼓舞，所以很多中、小学生都积极参与到排球运动中，在学校中掀起了排球活动的热潮。

中国中学生体育协会排球分会于 2003 年 12 月 6 日在北京景山学校成立。借中国女排勇夺世界冠军的东风，中学生排球热再度升温。2004 年暑假期间，由中国中学生体育协会排球分会主办、北京景山学校承办的“中远地产杯”全国中学生排球锦标赛，有 113 支男、女排球队参加，其中包括香港特别行政区的 6 支队伍。这是中华人民共和国成立以来中学生排球比赛参赛队伍和人数最多、覆盖面最广的一次盛会，标志着我国中学生排球运动进入了新的大发展时期。截至 2019 年，全国中学生排球锦标赛已举办了多届。

第三节　排球运动的特征和价值

一、排球运动的特征

(一) 排球运动的击球特点

随着排球运动的发展，排球运动的竞技性越来越强，形成了区别于其他球类的鲜明特点。排球运动不仅在技术上有着很强的全面性，同时还具有很高的技巧性，排球运动的这些特点，从排球运动的击球特点中可见一斑。根据排球运动竞

赛规则，将排球运动中的击球特点归纳如下。

(1) 运动员触球的部位可以为身体的任何部位。这项规则使运动员在击球过程中灵活展现击球技巧、充分发挥自身优势。

(2) 在排球竞赛的全过程中，运动员不允许持球。这就意味着排球不能在运动员的击球部位产生较长时间的停留，这是排球区别于其他除了借助工具击球如乒乓球、网球等球类运动的一大特点。排球运动的这一特点，要求运动员对排球要具有极高的控制能力，能够将来球准确地击向预定目标，同时还要求运动员具备精准的判断能力，能够在短时间内对来球的力量、速度和角度等因素做出精准的判断。

(3) 在进行排球运动中，无论是比赛还是游戏，都必须在空中击球。排球运动的空中击球要求十分严格，运动员在发球、传球和接球过程中都必须严格遵守空中击球的规则，这就要求排球运动员具有很好的时间感觉和空间感觉。

(二) 形式的多样性和广泛的群众性

由于排球运动对场地的要求不是很高，也不需要复杂高端的设备，并且排球运动的规则也比较被大众所掌握，所以，排球运动具有极强的广泛性和灵活性。排球运动不仅有着多种多样的形式，还适于各种年龄、各种体质和各种运动水平的人参与，同时，排球运动不局限于场地，既可以选择室外也可以选择室内进行。根据排球运动的场地，排球运动的形式具体分类如图 1-1 所示。

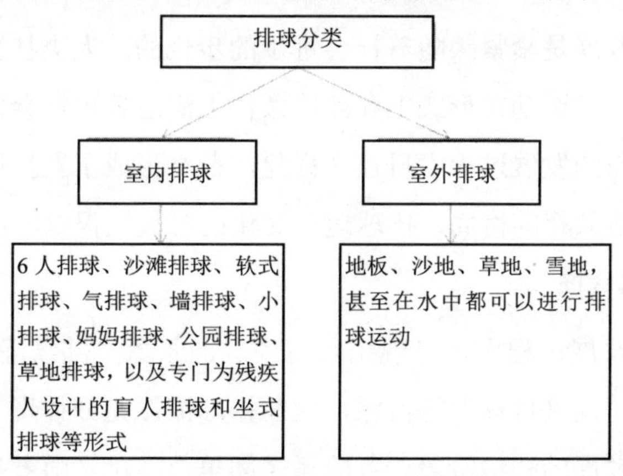

图 1-1　排球运动根据场地分类

而排球的规则简单，运动量可大可小，又表现出了其群众的广泛性特征。

(三) 独特的文化性

排球运动是体育运动中的一个重要项目，而体育运动又是文化中的一项重要内容，因此，排球运动具有极强的文化性。而排球运动在长期的发展过程中又形成了属于自己的独特的文化。排球运动是一项凝聚着人类智慧的实践活动，它在长期的发展过程中产生了独特的理念，积累了深厚的专业知识，形成了严谨的管理体系，创造了高超的技战术，制定了严格的规则，建立了记录和传播所必需的组织、宣传机构等，这些都标志着排球运动在人类社会和生活中已经形成了系统的排球运动文化。排球运动文化的独特性具体表现在以下几方面。

1．自身的传承性

排球运动的最初功用是娱乐游戏，随着社会以及排球运动自身的发展，排球运动逐渐转向竞技对抗方向。排球运动文化也随着排球运动的发展而不断进化。排球运动文化在发展的过程中，随着经济的发展和社会的进步，传播、冲突与分化在不断交替进行着，具有极强的历史传承性。排球运动经过了多年的发展，也在相继的融合过程中不断地被人们所接受。迄今为止，排球运动已经有 100 多年的发展史，在这 100 多年连续的演化与发展过程中，已显现出排球运动自身的发展规律和文化。

2．鲜明的时代性

排球运动的发展是紧紧跟随着社会进步的步伐的。人类社会的不断进步与发展，越来越要求排球运动在形式上和环境条件上满足各种社会群体的需要，从而使排球运动在不断的发展过程中日益多样化，最终形成了竞技排球与大众娱乐排球互相依托、双轨共存的格局，排球运动文化的时代性得以彰显。

3．流派的融合性

排球运动在发展过程中，呈现出百花齐放的景象，陆续涌出了“力量排球”“技巧排球”和“高度排球”等流派，这些排球流派充分体现了各民族的地域优势。在排球运动发展的初级阶段，各流派之间争奇斗艳，随着排球运动的深入普及和全面发展，各流派之间的共存和互补迫在眉睫，于是，排球各流派在保留各自精粹的基础上，相互融合，民族地域界线不再明朗，排球运动发展为“全攻全守型排球”，进入排球文化发展的高级阶段。

4．竞赛的公平性

排球比赛具有公平性，是由其竞赛规则所决定的。首先，在方位上，从1号位到6号位排球运动员可以按顺时针方向轮换；其次，在技战术发挥上，无论是传、垫、扣、发还是拦网，无论是防守还是进攻，每个参与竞赛的队员都可以在各自位置发挥相应的作用。由于排球赛的每一个位置对队员的技战术的要求不尽相同，所以，任何一个队员都可以在竞赛中获得均等的竞赛机会。

5．竞赛的有序性

在排球比赛中，排球运动的有序性十分鲜明。运动员的站位为前后排，站在发球方后排右侧的运动员首先发球。换发球时，双方队员必须在本场区内按轮转次序站位，如果一方连续得分则不用轮换。每局比赛开始，场上队员必须按位置表排定的次序站位，在该局中不得调换。球发出后，队员可以在本场区内的任何位置上，不受上述限制。在新的一局中，每个队上场队员的位置可重新安排。登记在记分表上的队员都可被列入新的上场阵容。这些都充分体现了排球运动的有序性。

（四）激烈的对抗性和严密的集体性

排球运动不仅是一项对抗性的体育项目，同时还是一项集体性的体育项目。在排球比赛中，参赛的双方在激烈的对抗中进行攻防的转换。排球比赛的水平越高，参赛双方的对抗争夺就越激烈。排球比赛中，除发球外，都是在集体配合中进行的，这需要参赛的排球运动员要具有严密的集体性，只有和本团队成员之间紧密配合，才能更好地发挥个人技术，如果本团队成员之间不能够紧密配合，再优秀的战术也无法施展。水平越高的球队，集体配合就越严密。

在运动中，每一方都在自己的场区内通过个人技术的配合以及团结奋战的斗志去争取胜利。项目的特点使长期参加排球活动者形成了良好的品格——勇敢而不鲁莽，冷静而不犹豫，灵活而不失章法，团结而不失个人风格。这种良好的品格和精神将优化参与者的文化个性，影响参与者的体育行为，甚至他们一生的工作和生活都将从中受益。排球的精神文化不仅体现在参与者的身上，而且也深入观赏者的心中。20 世纪 80 年代，中国女排队员不怕困难、忘我训练的优良作风和不畏强手、勇敢顽强的拼搏精神，给中国人民以力量和斗志，激励着人们在社会主义建设中团结奋进、努力向上。

(五) 排球运动中蕴含的特殊魅力

在观赏排球比赛时，人们可以从各种技战术中体会到排球带来的美好感觉，如角度刁钻的发球、身手敏捷的二传、勇猛无敌的扣杀和稳如泰山的防守，每一个动作的爆发和转换都能给人们带来视觉上的冲击。运动员每一个高难度、高技巧的动作都凝结着运动员的智慧，给观众带来美的享受。排球运动的特殊魅力还体现在运动场上队员之间竭诚合作、相互扶持和鼓励的团结精神，以及顽强拼搏、不骄不躁的奋斗精神。同时，排球运动中，灵活多变的战术也是一大看点，运动员之间默契的配合、赛事中变幻莫测的快速立体进攻，都会令观众为之折服。由于排球运动的灵活性和技巧性，所以使排球运动在比赛中呈现出空间多变的新鲜感。排球运动的这些特殊魅力，使无数排球爱好者积极参与到排球运动中来，并通过亲身实践去体会排球运动带来的快乐感和成就感。

二、排球运动的重要价值

排球运动在推动社会发展以及人们的日常生活中有着不可估量的作用，如图 1-2 所示。

(一) 增进健康，强健体魄

排球运动不仅具有娱乐性，还富有极强的竞技性，因此适于任何人参与活动或比赛。经常参加排球运动，不仅可以提高人的身体素质和运动能力，还可以改善人体中枢神经系统和内脏器官的功能状况。总之，通过参加排球运动锻炼和训练，可以使人们增进健康、强健体魄。

另外，排球是一项身体活动很全面的运动项目。经常参加排球运动，对改善人的身体状况、提高身体素质、增进人体基本活动能力和对各种自然环境的适应能力，均大有裨益，同时可使人的大脑皮层，特别是中枢神经系统的反应速度和协调性明显提高，对人的思想和意志品质产生积极的影响。在参加排球运动的过程中，需要集中注意力，人体重心随各种来球而向上、下、左、右、前、后迅速变换，体现出快速敏感的反应与应变能力。这对提高人的观察、思维、分析能力，养成勤思敏学、当机立断的习惯都是有好处的，非常有利于益智与健脑。

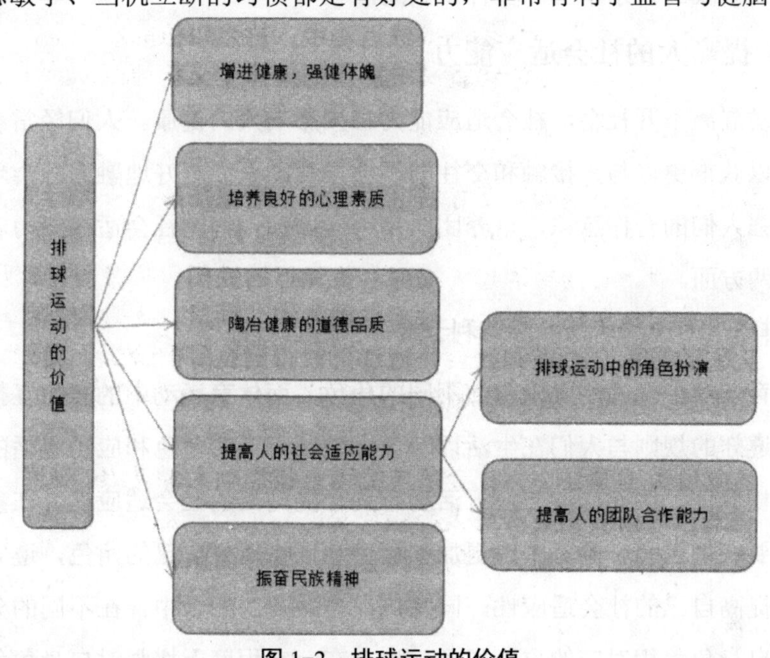

图 1-2　排球运动的价值

(二) 培养良好的心理素质

由于排球运动需要参与者具有良好的身体素质和心理素质，所以，经常参与排球运动，对提高自身的心理素质有着积极的促进作用。由于比赛中球不能落地以及可以击 3 次球的特有规定，所以对于同伴判断失误而无法接球或接球不到位的情况，队员之间可以通过配合来进行补救，为下一次击球创造进攻条件。在排球运动中，持之以恒的锻炼能使人养成良好的体育道德作风，还能铸就团结协作的集体主义精神，同时，也能培养顽强的毅力。

(三) 陶冶健康的道德品质

排球运动可以培养人们良好的道德意识、道德情感和道德行为习惯，对人的道德素质有重要的提升作用。

和排球运动相关的规则和规程像一张无形的铁网，把参与排球运动的人们的言行紧紧地罩住，限定在这些规则之中。同时，通过激烈的对抗和比赛，人们的身体、心理和社会公德都可以得到良好的锻炼。另外，人们通过观看比赛，也可以从中得到健康的娱乐享受，精神得到陶冶。

（四）提高人的社会适应能力

人的发展离不开社会，社会适应能力直接影响人的健康。人们经常参加排球运动，可以获得更多与人接触和交往的机会，帮助人们更好地融入社会环境中，有助于加强人们的合作意识，培养团队精神，增加人们的社会适应能力。具体表现在以下两方面。

1. 排球运动中的角色扮演有利于提高人的适应性

在体育运动中，人们可以扮演不同的角色，而体育运动中的角色互换以及运动中应该遵守的规则与人们在生活以及社会中所充当的角色和应当遵循的法规有着很大的相似性，因此，参与体育活动有利于提高人的社会适应性。在参加排球运动时，要在规则允许的范围内更加积极主动地扮演好自己的角色，遵守体育道德规范，提高自己的社会适应性。同时，在与队友的配合中，在不同的分工中努力做好与自身角色相对应的攻防任务，也会在一定程度上增强对自身角色属性的认识，加强自身的社会意识。

2. 排球运动有助于提高人的团队合作能力

参加排球运动能满足人的交往需要，并使人的性格得到改善。排球运动具有交往性和合作性的特点，同时，这种交往合作的活动具有很好的娱乐性，有助于建立人与人之间的友谊，满足人的交往需要，消除孤独感，改善人的性格等特点，从而有效促进团队意识的培养，提高合作及应变能力。

排球运动不仅竞技性很强，同时集体性也非常严密，依靠集体严密配合取得比赛胜利，是排球运动制胜的一件利器，因此在比赛场上，队员们的相互协调与默契配合就显得至关重要。在排球比赛中，规则不仅要求球不能落地，同时还要求在比赛进行中不能持球，因此，对参与排球人员的应变能力提出了较高的要求。

综上所述，长期坚持参加排球运动，不仅能够强身健体、使参与者获得身心的愉悦，还可以提高参与者应变、合作的能力。

（五）振奋民族精神

随着社会的不断进步和发展，体育运动日益融入人们的生活，人们可以通过体育运动达成某些精神层面的共识，可以通过体育运动实现某些共同价值，甚至可以通过体育运动塑造民族精神、凝聚民族力量。我国的排球运动，就为塑造民族精神、凝聚民族力量做出了不可泯灭的贡献，对国人的民族精神产生了巨大的影响。

1981 年 3 月 20 日，世界杯排球赛亚洲区预赛对于中国排球来说是一场至关重要的比赛。中国男排对阵韩国队，在比赛的初期，中国男排出师不利，先输两局，但是，中国男排不气馁、不急躁，在后面的比赛中连续扳回 3 局。最终以 3：2 击败韩国队，夺得世界杯排球赛的参赛资格。这次世界杯排球赛后，“团结起来，振兴中华”的口号，在莘莘学子中间相互传递，一夜之间，从北京大学传遍大江南北。当时的中国人民刚刚迈出改革开放的步伐，中国男排的胜利对致力于四个现代化建设的国人无疑是极大的鼓舞。

同样具有民族凝聚力的排球赛事还有中国女排的“五连冠”。20 世纪 80 年代，中国女排蝉联“五连冠”成为当时脍炙人口的佳话，在国人的心目中，中国女排就是拼搏精神的代表；此后，中国女排历经坎坷，相继夺得 2003 年的世界杯冠军、2004 年的奥运会冠军、2015 年的世界杯冠军和 2016 年的奥运冠军。这些光辉战绩为中华民族的伟大复兴增添了光彩。

中国排球的辉煌战绩使国人精神振奋、勇气倍增，为中华民族的伟大复兴增添了光彩，“女排精神”也深入人心，激励着国人为中华民族的发展努力奋进。

第四节　排球运动的风格流派及发展趋向

排球是一项没有国界的体育运动。排球从 1895 年问世以来，已经历经了 120 多年的风风雨雨。在这 120 多年的发展历程中，排球运动的传播几经周折，排球运动的规则也被反复修改、不断完善，这使排球运动终于成为目前在国际上最受欢迎的运动项目之一。排球运动被越来越多不同地域、不同种族和不同肤色的人们所接受和认可。

然而，由于民族的不同，导致各民族拥有的传统文化也不尽相同，同时，东西方地域文化背景的差异也使不同地域的人们在规则范围内实现排球价值的手段也不同。不同民族的人们，通常喜好用本民族的文化来诠释运动的本质特征，因此，体育比赛也带有明显的民族文化特性。排球作为体育运动的重要组成部分，同样也彰显出不同地域的民族文化特色。因此，排球在不断的发展过程中，逐渐形成了亚洲派、欧洲派和美洲派三种技战术风格。

一、三种地域文化的演变及特征

（一）影响亚洲风格流派的中国传统文化及其特征

中国的传统文化对亚洲体育文化有着深远的影响。中国的传统文化是在独特的社会和地理环境中孕育和发展起来的。中国的大陆，东部与中部是广阔的平原，平原四周围绕着高山、沙漠和无法跨越的大海，地势西高东低，与外界隔绝，形成了天然的地理单元，使得中国的文化系统相对比较封闭。这种独特的地理环境，也使我国古代人民对自然环境有着强烈的依赖感。人们长期生活在自给自足的封闭社会中，与外界的交流微乎其微。而以农耕为主的生产生活必须严格遵循自然规律，因此人们就会养成在实践活动中观察、总结自然变化规律的习惯，逐渐达到人与自然和谐相处的境界，形成了独一无二的“天人合一”思想。

在“天人合一”思想的影响下，中国古代人民形成了朴实谨慎、求稳怕乱的民族特性，无勇气冒险，更无拓新胆识。中国封建社会确立后，儒家思想占据了统治地位，人们崇尚中庸之道。所谓的中庸、中和，其思想要点为舍功利取仁义，不张扬自我，安于现状。儒家思想强化了弱者心态，束缚了人类个性的发展，使人更多地依赖于群体。

封闭环境下产生的中国传统思想，对中国人民的影响根深蒂固，从而对体育文化也产生了巨大的影响。人们依赖整体，崇尚和谐，而缺少冒险和竞争。在中国这种传统文化的影响下，中国排球失去了茁壮成长的沃土，然而堪当大任的运动员却能够将中国传统文化中的“中庸”“中和”运用到排球战术中去，加强团队整体协作能力，从而取得了在隔网对抗项目中的优势。

(二) 影响欧洲风格流派的西方传统文化及其特征

古希腊文化是西方古代体育文化的摇篮。西方古代体育文化历经了文艺复兴和工业革命。希腊位于欧洲南部的巴尔干半岛，山脉与岛屿众多，海岸线绵长曲折，土地贫瘠，自然资源匮乏，是一个“自然环境差异较大的岛国”。长期以来，为了适应这种独特的自然地理环境，当地居民形成了多样化的生活方式。由于希腊地处欧、亚两大洲的门户，是欧、亚商品贸易以及国际交往的桥梁，所以在促进欧亚贸易以及国际交往的过程中，希腊人民形成了开放、外向的性格。与此同时，希腊恶劣的地理环境又铸造了希腊人民富于冒险和抗争的意识，而进行冒险与抗争则需要强健的体魄和体能，因此，个性的发展、个体人格的培养、个体的自由、个体潜能和智慧的充分发挥，成为西方文化形成的根基和发展核心。

中世纪时期，宗教在社会以及人们的生活中占据了统治地位，教会不仅控制人们的日常生活，还控制着社会的意识形态，由于宗教崇尚神，否定人，人的世俗价值不再被认可，所以能够体现人类世俗价值的体育自然也被取消。在这样的社会背景下，希腊人创造了骑士体育和游侠体育。骑士体育十分富于冒险性，而游侠体育又十分富于实效性。这两项体育运动具有鲜明的希腊民族特色。欧洲人注重实效的特征缘于工业革命的兴起。由于工业革命的历史背景是英国通过多年的海外贸易、殖民扩张和圈地运动等手段积累了大量原始资本，而工业革命的兴起对西方文化产生了及其深远的影响，所以西方文化带有极强的实效性。这种实效性经过不断发展，使西方民族越来越崇尚竞争，在文化上也更加激进，从而孕育出的欧洲体育文化也富于激进色彩，体力、实效、竞争是西方体育文化的三大要素。

(三) 影响美洲风格流派的熔炉文化及其特征

15 世纪，由于欧洲经济飞速发展，人口急剧增长，西欧各国之间的竞争变得十分激烈，本土资源已不能满足各国发展的需求，西欧列强把侵略的势力扩张到海外。美洲大陆的发现，对西欧列强无疑是个绝好的机会，他们迅速展开了对美洲大陆的资源掠夺、经济剥削和文化渗透。历史上，印第安人是美洲大陆最早的主人，因此印第安文明是美洲大陆文化的主流。美洲大陆地大物博，四面环海的地理环境使印第安人拥有非常广阔的自由空间。在这种环境下，印第安人追求个性发展，他们充满激情、个性豪放、自信，不仅富于反抗精神，还擅长应付变化多端的事物。美洲新大陆的发现，成为印第安人的灾难，随着欧洲殖民者的入侵，印第安人丧失了自己的土地，沦为欧洲列强的殖民地。随着西欧文化的渗入，印第安文化独特的风格逐渐消亡，开始模仿英国、葡萄牙等宗主国的文化。18 世纪末，印第安民族独立运动兴起，在美洲掀起了复兴民族文化的运动，至此，印第安本土文化与外来文化相融合形成了熔炉文化。由此可见，美洲熔炉文化是西方文化的一个分支，是一种吸收性文化，其特点为自信、奔放、勇于创新。

二、排球运动的三种风格流派及其特点

（一）亚洲排球的风格流派

中国排球有着浓郁的中国传统文化特点。在中国传统文化中，提倡中庸之道的儒家文化是核心，“天人合一”的和谐境界是目标。在这种文化背景下，中国排球文化被烙上了鲜明的农业社会的印记，朴实、谦和、遵循传统、依赖群体是中国排球文化的主要特征。尽管中国排球运动员身材较矮小，但拥有全面的技术、扎实的功底和灵活多变的战术，中国排球被誉为杂技般的排球。在技战术中，利用网长形成各种快变组合是中国排球运动员的一大创举。中国排球最终形成了快速灵活、整体和谐平衡的风格，但是由于我国球员个人表现欲弱、冒险精神不足，所以在我国排球历史上，一直缺乏具有很强的决断力、在紧要关头能够力挽狂澜的优秀人才。中国、日本和韩国三个国家是亚洲排球的主流，并在文化、地理环境和人种等方面都存在着相似性，因此在排球文化上也存在着很多相同之处。亚洲人的身高与欧美人相比要矮小许多，体能与爆发力相对于欧美运动员较弱，由于受到上述条件的限制，所以亚洲排球的主要特点为战术变化多端、快变打法贯

穿全局，同时，亚洲排球还有着隐蔽性的配合、出色的一传和严密的防守。亚洲排球的特点，导致只有在全队具有较高的接发球能力、二传具有较强的分配球能力、整体队员具有全面性的技战术才能得以实现成功，而这些又恰恰是亚洲排球注重集体配合、追求平衡性的体现。

(二) 欧洲排球的风格流派

欧洲人出色的身高决定了欧洲人排球的特点——高举高打。欧洲由于受到古希腊海洋型文化的深远影响，体力、个性和竞争成为欧洲体育文化的核心理念。欧洲排球运动员擅长分析思维的思想方式，喜好彰显个性，崇尚“力”的表现。欧洲人在身体条件上优于亚洲人，这种先天的优势使他们在排球运动中形成追求体能、重视进攻的特点，在技战术上不追求完美。欧洲人分析思维的思想方式又使他们的排球运动带有张弛有度、实效性强的特点。欧洲人排球文化的不足是缺少即兴发挥，对明星队员的依赖非常强。俄罗斯、塞尔维亚和德国是欧洲排球的主流。欧洲人先天的身体条件使他们在排球运动中的优劣势形成鲜明对比，勇猛有余而灵活不足，前排拦网十分强势而后排防守比较薄弱，战术简单，集体配合不够严密，但二、四号位的高点强攻是欧洲排球独一无二的特点。

(三) 美洲排球的风格流派

由于美洲文化属于熔炉文化，所以，美洲文化汲取了欧洲的务实、加勒比的激情和拉美的豪放，从而形成了独具风格的美洲排球文化，即“享受排球”。在美洲排球运动员眼中，排球的比赛场地就是他们的舞台，在比赛中，运动员能够充分展现个性、发挥智慧，把排球运动所独具的美感淋漓尽致地表现出来。美洲的排球文化与亚洲的排球文化有所不同，高雅中多了几分狂野，奔放中又不失风度。熔炉文化的特质铸造了美洲人独特的排球文化特质，张扬的个性、善于表现的勇气使美洲人在排球比赛中显现出气势凌厉、勇猛善战和善于创新的风格。美洲人的情绪起伏比较大，因此常常会影响他们的比赛效果，在排球运动中尽管也有即兴发挥，但不够稳定。巴西、美国和多米尼加是美洲排球的主流。美洲排球的主要特点是：优质的身体素质、出色的弹跳力和精湛的技术。美洲排球在战术上将欧洲高点打法与亚洲快变打法巧妙而灵活地融合在了一起，无论是速度还是弹跳力或是技战术的变换，都是其他区域排球所不能及的，形成了独树一帜的拉丁派排球。由于美洲排球以立体攻为主，进攻不仅多变、力度强，而且防守十分稳固，要求球员必须具有高素质的身体以及高技巧的技术和集体的紧密配合。

第五节　排球技战术发展创新规律及其发展趋势

一、现代排球技战术的发展演变过程

自从排球运动产生，至今已有 100 余年历史。排球运动从发明初期较为简单的技术动作发展到现今包括发、垫、扣、传、拦、时间差、位置差、空间差和立体进攻在内的一整套较为完善的攻防技术体系和竞赛规则。世界排球技战术发展演变大致经历了以下几个阶段。

初期比赛打法简单，基本上是一次将球击过网。不久发现，一次击球过网不一定是合理的，于是开始采用几次触球的方法，并出现了集体配合的动作。后来，实行限制触球次数的规定，促进了技术动作的发展，使第三次击球改为扣球。

1921—1928 年间，排球比赛规则的进一步修改，形成了发球、传球、扣球和拦网技术动作，同时产生了比赛战术原理：通过队员间的技术行动配合，完成某一战术目的；以前发球只是作为比赛开始的方式，而这时已开始作为进攻的手段，出现了上手侧身发球技术，使技术动作越来越具有进攻性。比赛战术也开始出现队员位置的分工、协作配合的趋向。

1929—1949 年间，排球技战术进一步得到发展。为对付扣球动作，出现了集体拦网。集体拦网的广泛采用又促进了扣球技战术的发展，队员开始采用大力扣球和假扣球。扣拦间的对抗使后排队员保护变得十分必要，于是出现了后排“心跟进”防守战术。

20 世纪 50 年代，进攻打法普遍采用“中一二”阵形，防守则广泛运用双人拦网“心跟进”战术，基本阵容采用“四二”配备，一传主要采用上手传球，扣球是最主要的进攻及得分手段。扣球普遍采用“高举高打”，依靠个人战术变化来突破对方拦网。1954 年，中国进入世界排坛后，在吸收 9 人制“快板球”打法的基础上，发展创造了交叉、梯次进攻等在内的一套以快球为中心的快球掩护进攻战术，成为一种新的风格流派。进攻继“中一二”之后，又相继采用“边一二”战术、“两次球”战术和“两次球及其转移”战术。防守继“心跟进”战术之后，又出现了“边跟进”战术。20 世纪 60 年代，日本创造了勾手飘球、垫球和侧滚防守新技术。从此，发球以飘为主，接发球和接扣球全部采用垫球技术，滚动摔救防守技术也普遍流行。1965 年，排球规则作了重大修改：“允许手伸过网去拦网，在标志带外 20cm 处设标志杆”。竞赛规则的改进促进了排球技战术的发展，出现了“盖帽”拦网、“平位开”扣球、“超手”扣球和以“平拉开”为中心的战术体系。20 世纪 70 年代在“平拉开”扣球技术的基础上发展了“短平快”扣球技术，随后又出现了“时间差”“位置差”等自我掩护的进攻打法，形成了高举强攻打法和快速多变风格打法相结合的攻防战术体系。20 世纪 80 年代，我国首创“空间差”打法，创造了前飞、背飞、拉三和拉四等新技战术，进一步丰富完善了快中有变的自我掩护打法。进攻技战术的不断丰富完善，促进了拦网和后排防守技战术的发展，为对付各种快速多变的进攻战术，出现了“人盯人”拦网、“重叠”和拉网等战术变化。

20 世纪 90 年代，排球技战术有了进一步发展，跳发球、远距离平砍式飘球、跳传球和后排进攻等新技战术普遍采用，快攻战术体系又有了质的飞跃，把后排快攻有机地纳入快攻战术体系，形成了前后排快攻相互掩护的“立体进攻”战术体系。

二、现代排球的技战术发展规律

（一）进攻与防守之间的对立和统一是技战术发展创新的动力

排球比赛是在进攻与防守的交替转换中进行的，进攻和防守是排球比赛的两个对立面，两者之间是紧密相连、相互依存、相互促进和相互制约的辩证关系。进攻和防守这对矛盾贯穿于排球运动的始终。排球运动自身的这种特征和规律决定了技战术的发展创新是在进攻与防守相对“平衡”或“不平衡”状态的转化过程中进行发展的。在运动实践中，进攻与防守处于“不平衡”时，人们为了在比赛中赢得主动权，取得更好的运动成绩，会积极去探索、发展新的攻防技战术，改进、完善原有的攻防技战术，以实现其攻防之间的相对“平衡”。当进攻与防守处于“平衡”状态时，又会激发人们去努力研究、创造新的攻防技战术，在攻防相对适应的基础上发展其新的“不平衡”。正是排球运动自身这种攻防“不平衡”—“平衡”—新的“不平衡”如此循环往复的规律，推动着排球攻防技战术不断地发展创新。

(二) 排球竞赛规则的修改是技战术发展创新的条件

随着排球运动的不断发展，新的技战术打法不断出现，排球竞赛规则必然会作相应的修改，以适应和促进排球运动的发展。竞赛规则的变化势必会对比赛产生影响，使比赛出现新的特征和规则，引发出新的问题。为了尽快地适应规则修改后比赛中出现的新规律，人们会及时研究其对比赛影响的规律，认清发展的必然趋势，并利用它发展设计新的攻防技战术，来适应这种新规律的发展，从而大大促进了排球运动水平的提高，推动攻防技战术向一个新的高度发展。

(三) 运动员身体形态、机能和素质的提高是技战术的基础

运动员身体形态、机能和素质的不断改善和提高刺激了攻防技战术的发展。为发展创造新的技战术提供了新的物质基础，拓展了技战术发展创新的时间、空间，使得前飞、背飞、跳发球和后排进攻等对运动员身体条件和素质要求极高的技战术得以在当今世界大赛中广为采用，促使排球攻防技战术向更高层次发展。

三、现代排球的技战术发展趋势

技战术的不断发展变化成为一种趋势，对这种发展趋向进行预测是非常重要和有意义的。通过对趋势的预测，及时掌握这种发展趋向，并在运动实践中对这一趋向进行积极研究，发展创造新的攻防技战术来适应这种趋向的发展。今后排球技战术主要发展趋势将体现在以下几方面。

(1) 技术的发展趋向于全面化、实效化。排球比赛中每个队员都必须进行位

置轮转。各项技术既能得分也能失分的特点决定了全面化、实效化是排球技术发展的必然方向。全面化主要体现在两方面：一是队员娴熟精湛地掌握本专位的各项技术，并在此基础上形成自己的特点和绝招外，还应熟悉掌握其他专位的技术，前排能扣能拦、能高能快；后排能防能调、能攻善守，每个位置都能打。二是全队要保持攻守平衡，能攻能守，攻守全面。实效化其表现形式为技术攻击性更为突出，实用性强，运用效果好，成功率高。

近年来，随着世界各队身体条件和身体素质的不断改善和提高，训练方法和手段的科学化、系统化，技术掌握日臻完善，排球技术已向着全面化、实效化方向发展，全面化、实效化已形成一种趋向。从当今世界排球技术整体发展现状看，这种趋势已初见端倪。像20世纪90年代末俄罗斯、古巴和中国女排技术全面，攻守兼备，全面化的模式代表着当今排球技术发展的方向。近些年为世界各队普遍采用的跳发球、后排进攻和各种形式的接扣球防守新技术动作等都具有鲜明的实效性。

(2) 后排进攻趋向于快速化、多样化。快速、多变是进攻技战术发展的方向，前排进攻由于受发展水平和组攻条件要求等因素制约，在速度和变化两方面再有突破和创新难度较大，后排进攻作为一种新的进攻形式，因其组攻条件要求较前排低，在比赛中运用效果好，已为世界各队普遍采用，成为当今排球运动的重要发展趋势。作为一种新生事物，后排进攻在速度和变化方面的发展创新有着广阔的前景，发展潜力极大，它可同前排进攻一样，运用双脚或单脚起跳前冲技术，发展创新出后排“近体快”“短平快”等各种快球技术，亦可同前排进攻战术体系相结合，通过在时间和空间方面各种因素的不同组合，组成前后互相掩护的各种新的快速多变进攻打法和配合。在这方面，法国和巴西男排已开创了后排快速进攻的先例，这种前后排有机结合的快变立体进攻战术体系，扩展了组攻的时间和空间，减轻了一传的压力，增加了快速反击的机会，丰富了进攻战术变化，增多了进攻点，牵制了对方拦网队员，降低了对方拦网威胁。它代表着当今进攻技战术发展的方向，为当代排球进攻技战术发展开创了新的途径，必将成为后排进攻技战术未来发展的方向。

第二章 中国排球运动发展现状

第一节 竞技排球运动发展现状

一、竞技排球运动宏观研究及科学决策的论文状况

对 185 篇竞技排球运动宏观研究及科学决策类论文进行分析，发现其数量变化曲线与排球运动员训练类论文数量，出现了 3 个高峰值。所不同的是，宏观研究及科学决策类论文的第一次峰值出现在中国女排“五连冠”之后。而正是由于中国女排“兵败汉城”，激发了人们从更为宏观的视域中审视中国竞技排球运动的发展，才使得相关研究成为焦点，并由经验型研究向反思型研究转向。在 1988 年以前，学者们主要讨论中国女排取得的经验和其他世界强队的振兴之路。“兵败汉城”以后，研究者开始在宏观层面集中讨论是什么原因导致中国竞技排球运动水平的下滑。

从内容上来看，该类研究又可以分为 3 种：①探讨中国竞技排球事业发展取得的经验或存在的问题，并提出解决策略；②探讨国外排球事业发展经验，并给出启示；③探讨竞技排球运动发展趋势或规律，并给出启示。其中，以第一种研究最多，有 125 篇；探讨国外经验的有 20 篇；探讨竞技排球运动发展趋势或规律的有 40 篇。

二、对中国竞技排球运动的宏观研究

(一) 关于中国女排

本书认为体制问题、作风松弛和训练不够科学是造成女排滑坡的三个主要因素。

体制问题：20 世纪 80 年代中期，由于商品经济的冲击，体育界出现了“金牌战略”。为了多拿金牌，各级体育主管部门不得不砍掉集体项目，在有限的运动

员名额中大幅度地增加个人项目的比例。三大球中排球被砍得最惨，致使有一年全国少年排球比赛只有六个队参加。再说教练员，“文化大革命”之后，重新恢复建队时，各省、市都有一批原来的教练员。他们多半是原省、市队中文化素质较高，又经过多年的执教，并参加过苏联专家训练班学习和经历过学习日本女排大松训练，贯彻过“三从一大”训练方针，有经验、有成就，而且事业心很强的教练员……但20世纪80年代后期，这批老教练均已退役，年轻教练都是从队员中选拔出来的。这批年轻教练员多是从小入队，球打得不错，但得不到系统的文化学习，也没有机会接受正规的体育科学知识的教育。尽管有些人也积极参加“回炉”补课，但比起前一辈的老教练，在文化素质和训练经验上都不可同日而语。

作风松弛：中国女排“五连冠”的制胜因素是什么？我们冷静地分析一下，就会发现，五连冠的中国女排哪一次也不是在技术上占绝对优势而获胜的。1981年世界杯最后一场对日本队，第五局 15∶14，对方领先；1982 年世界锦标赛和1984年奥运会都是在分组赛上输给美国；1985年和1986年两届又是在与古巴势均力敌的情况下，靠平时严格要求、严格训练所培养出来的顽强拼搏精神，在关键时刻，从强敌手中夺得世界冠军。说虎口拔牙，并不夸张。正是这种拼搏精神为祖国争了光，为民族争了气。当前，女排正是缺少了老女排的这种作风，才出现比赛中的大起大落，关键时刻顶不住，遇弱队不该输的球也输了。这只能怪平时训练不严，没有培养出顽强拼搏的作风。在此没有任何客观原因可言，作风不是先天的，主要在于后天培养。

训练不够科学：老女排训练中的一条重要经验，是采取“超前战略”，走自己发展的道路。老女排身材不高，身体素质也不是世界一流的，但在技战术上有着鲜明的特点。现在的女排队员不仅基本功不扎实，自己失误多，而且技术也不够全面。主攻手只会在四号位强攻，各种快球技术都不会运用，只靠两名副攻手，当然体现不出快攻的特点。更何况现在使用的快攻技术早已陈旧，别人也会运用，甚至比我们运用得更好。当前，全国女排队伍都一样，在技战术上都没有什么发展和创新，培养不出能掌握新技术、新打法的队员，到了国家队再去学新技术，虽然好像顺理成章，但难度就大了。

科学训练的第二个方面，是能否贯彻“三从一大”的训练方针。当今中国女排与老女排相比存在一定差距。

（二）关于排球运动发展

从我国开展排球运动的目的和全面建设小康社会的目标、我国体育改革与发展的趋势以及新时期排球运动发展的内在需要出发，我国排球运动可持续发展系统应包括竞技排球运动、群众排球活动和排球产业开发三个子系统。而依据可持续发展的本质及其内在机理，竞技排球运动、群众排球活动和排球产业开发三个子系统在发展度(数量维)、协调度(质量维)和持续度(时间维)三个维度上的互相联系、互相作用构成了我国排球运动可持续发展的系统结构(见图 2-1)。

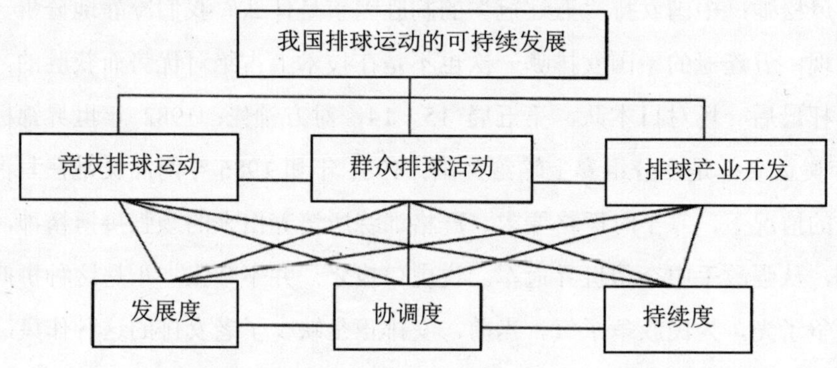

图 2-1　我国排球运动可持续发展的系统结构

在文献研究和专家访谈的基础上，本书按照竞技排球运动、群众排球活动和排球产业开发三个子系统初步列出了若干种影响我国排球运动可持续发展的主要因素，并将其制成问卷于 2002 年 11 月下旬对 10 位排球专家进行了问卷调查。将被选率(被选率＝选择该因素的专家数／专家总数×100％)低于 60％的因素剔除，再根据专家反馈意见调整和修正个别因素，本书最后确定了 21 项影响我国排球运动可持续发展的主要因素。

在我国排球运动的可持续发展进程中，虽然影响我国排球运动可持续发展的 21 项主要因素将始终发挥影响作用，但随着时间的推移，一些因素的影响作用程度将发生强弱变化。其中，职业化程度、竞赛制度、基层竞赛体制的完善与稳定、地方各级排球协会及基层群众性排球组织建设、职业俱乐部建设和排球明星的培养及其作用的发挥等因素对我国排球运动可持续发展的影响作用程度将越来越强，而经费投入及后勤保障的影响作用程度将随着时间的推移而有所减弱。

第二节　群众排球活动发展现状

中国的群众排球活动，是指以增强体质、提高大众普及程度和规模为主要目的的排球活动，主要由在大、中、小学开展的校园排球活动和包括企事业单位、机关、部队、社区、农村等在内的城乡大众排球活动这两大部分组成。

鉴于影响中国群众排球活动可持续发展的七个因素无一不与排球人口的形成和发展有直接关系，排球人口的发展状况理应成为衡量中国群众排球活动发展现状的一个最为重要的方面和标志。然而，由于中国目前尚没有排球人口数量以及其他群众排球活动方面的权威统计数字，所以还不能用非常精确的定量数据来直接描述中国群众排球活动的发展现状。但通过排球管理部门的一些定性分析材料和某些与群众排球运动的开展有密切联系的数据，还是可以间接地对中国群众排球活动的发展现状做出一个大体上的判断。

2001 年 7 月 30 日，中国排球协会第六次会员代表大会第二次全体会议通过了《2001 年—2008 年排球运动发展规划》，其中的“形势与现状”部分明确指出：“由于受到多种因素的影响，目前在中国排球运动的发展过程中还存在着许多比较突出的问题。……学校排球运动的开展不够普及，群众性排球运动基础还比较薄弱……”。这是中国排球运动职能管理部门根据中国排球运动发展的现实情况，对中国群众排球活动现状所做出的一个比较权威的定性评价。

全国大众排球运动交流推广研讨会于 2015 年在首都体育学院举行，大会致力发展大众排球，是推动全民健身、发展体育产业国家战略的重要载体，要让大众排球真正成为改善民族体质、引领群众健康生活的运动。

大众排球的业余竞赛。大众性体育运动包括职工体育、社区体育、妇女体育和老年体育等。目前群众排球活动的形式和主办单位呈现出多样的局面，如地区的政府体育主管部门为普及和推广全民健身、丰富市民业余文化生活而举办的各行业参加的排球活动，排球协会主办的健身类排球活动或企业以不同目的举办的活动，同乡聚会或排球爱好者自发组织的活动等。各地区的业余排球联赛也在有序地展开当中，上海作为竞技排球运动的发达区域之一，其大众排球的业余竞赛也是丰富多彩。

“海南现象”。它是指排球运动在开展过程中遇到诸多困难，但海南省排球运动却一枝独秀开展得红红火火，海南排球运动逆势而上异军突起的现象。这种现象是出于大众对排球的热爱，地区传统的体育文化现象，而海南省的这种体育文化更加浓厚、突出、传统，凸显了排球的“海南现象”。据文昌市文体局 2017 年的统计显示，文昌排球队从新中国成立以来，共获得全国冠军 17 次、亚军 3 次、省级冠军 29 次，因此群众称文昌是“排球之乡”。各地区的“海南现象”文化是大众排球发展的重要基础，与学校体育相同。在竞技排球发展较好的地区和一线城市，大众排球的业余运动员较多，且举办单位有额外的经济基础举办教职工排球赛、社区排球赛和老年人排球赛等，丰富了学校排球以外的群众排球活动，为宣传和普及排球运动发挥了它们的作用。

针对我国群众排球开展情况和理论研究。潘迎旭对中国排球运动可持续发展指标体系指标层的具体指标进行了初步筛选，认为发展度指标为排球人口数量、业余排球俱乐部数量、群众性排球活动和竞赛数量、向大众开放的排球场馆数量、群众性排球组织数量。与之相对应的协调度指标是青少年排球人口、学校排球俱乐部。增加上述指标的数量和比例，就要靠政府加强组织、指导与管理，加大体育排球运动的影响力，提高大众对排球运动的认知，从以学校排球为基点、以竞技排球为桥梁，扩大大众排球的排球人口，才能使排球运动可持续发展。对大众和学校排球在普及过程中遇到的阻碍，政府部门和教育部门要从相应的制度、硬件设施和参与者、教授者的人员方面和体育文化宣传出发，切实落到实处，共同为排球运动在我国的广泛开展提供强有力的支持。

第三节　排球产业发展现状

一、排球产业发展

排球作为一种由西方人创造和发明出来的娱乐运动和竞技运动，自然有其深厚的文化根源和社会基础。和近代大多数的竞技运动一样，排球运动传入我国首先受到重视的往往是其外在的技术形式，而体制、运作方式和人文基础等则因国情和社会文化背景的巨大差异而无法照搬和移植。新中国成立以后的一度时期，我国长期实行计划经济，再加上种种政治、经济和社会的原因，排球运动也和许多竞技运动一样被纳入了政府包办的体制，成为一个非产业的“国营事业”。

从历史上看，我国的竞技运动体制是新中国成立之后学习苏联的经验建立起来的，是一种适应高度集中的计划经济的政府主事型的体制。在这种体制下，竞技运动由政府办，教练员属于“国家干部”，运动员是“全民所有制职工”……总之，一切都由政府包办。这种政府包办的体制为我国竞技运动的快速发展起到了决定性的作用。

不难理解，我国的竞技运动体制是解放初期政治、经济和文化高度一体化背景下的产物，是一种为了尽快实现赶超战略而采取的政府主导的强化措施。改革开放 40 年来，我国竞技运动的体制并没有发生根本性的变化(即使是改革比较快的足球，恐怕也只能说是半产业化的渐变)。社会在进步，经济体制在变革，我国已经成为世界上第二大的经济体，考虑到我国经济发展起步较晚，如此成就可以算得上是世界经济发展史上的一大奇迹。我国的竞技运动也正是在 21 世纪前 20 年中出现了前所未有的发展。

长期以来，中国一直把体育作为一项单纯的福利事业来开展，发展竞技体育的全部费用由国家包揽，开展群众体育的各种设施建设和管理运行费用也都是由国家及各种企事业单位包干的。这种体育资源配置方式不仅在客观上抑制了体育经济功能的开发，也助长了体育在发展过程中对国家的过度依赖。改革开放以后，随着计划经济逐渐向市场经济的转变，整个资源配置方式、社会财富的分配方式和体育环境发生了很大的变化，原有体育体制隐含的一些矛盾和弊端开始逐渐显露出来，原来的体育资源配置方式已难以为继。1985 年，国务院颁布的《国民生产总值计算方案》中首次运用新的产业分类方法，将体育部门列入第三产业，体育经济和体育产业问题逐渐成为学术界的一个研究热点。1992 年 6 月，中共中央、国务院发布《关于加快发展第三产业的决定》后，体育界掀起了发展体育产业的热潮。1993 年 4 月，国家体委在《关于培育体育市场，加快体育产业化进程的意见》中指出，培育和发展体育市场是实现体育产业化的根本途径，提出了体育要面向市场，走向市场，以产业化为方向。1996 年八届全国人大四次会议通过的《国民经济和社会发展“九五”计划和 2010 年远景目标纲要》，第一次以法律的形式明确提出体育要走产业化的道路：“建立社会化的群众体育组织网络，建立并完善国民体制测试系统。进一步改革体育管理体制，有条件的运动项目要推行协会实体化和俱乐部制，形成国家与社会共同办体育事业的格局，走社会化、产业化的道路。”体育的产业化被确定为社会的长远发展目标和国家产业发展政策的重要内容，对中国体育产业的发展进程起到了积极的推动作用。

在中国体育产业发展浪潮的影响和推动下，中国排球项目早在 20 世纪 80 年代中期就开始了出售全国甲级联赛的冠名权等产业化尝试。1996 年 12 月，首届跨年度的主客场制全国排球联赛隆重推出，既是中国排球赛制改革的开始，也是排球项目的产业化发展跨上新台阶的标志。中国排球联赛在创业初期因资金匮乏而举步维艰，第二届联赛曾因找不到冠名赞助商而使排球运动管理中心倒贴 800 多万元。后来通过联赛的冠名、广告、电视转播和赞助等开发活动，中国排球协会先后与中央电视台、李宁公司、上海回力鞋厂、广东羊城报业体育广告公司、维达纸业有限公司和广东步步高电子股份有限公司等建立了合作伙伴关系，中国排球协会在 1996—2000 年的 4 个赛季中共获资金近 4 200 万元人民币。从 1996—2000 年，中国排球协会通过各种形式的排球产业开发，为发展竞技排球运动和普及群众排球活动筹集经费 8 300 万元人民币，排球联赛健康的形象赢得了企业的青睐，广东步步高电子股份有限公司把排球联赛当作一支“绩优股”抓住不放，连续七届冠名赞助，每年都以20%左右的幅度增加投入，累计投资已经超过亿元，成为长期稳定冠名中国某一固定大型联赛的罕见企业。从第三届联赛以后，排球联赛的身价每年增长，通过这几年的产业化尝试和摸索，可以说中国排球产业开发已建立了一定的规模，取得了初步的成功。然而必须看到，与率先实行了产业化运作的中国足球联赛和中国篮球联赛相比，中国排球联赛缺乏像姚明那样家喻户晓的明星，联赛的整体水平和知名度还不高，市场规模还不大而且面临着其他项目的激烈竞争。除了中国排球运动管理中心和排球协会的产业开发活动外，近年来各排球俱乐部也在当地体育部门的帮助下进行了积极的产业开发，取得了一定的产业收益。但当前各俱乐部的产业开发活动仍以冠名赞助为主要形式。

在1996年亚特兰大奥运会后，中国排球开始职业化改革。排球联赛在24年间逐渐在多个方面进行自我完善和发展。在2017年10月份，中国排球联赛正式改名为中国排球超级联赛。目前中国排球超级联赛共有男女参赛俱乐部共28个，各分为A组和B组，赛制为主客场双循环赛制。球员的流动是联赛职业化的一个重要标志，也是排球运动管理中心一直坚持的一项重要政策，但因多方面原因，一直未能取得重大进展，出现强队过强，弱队过弱，比赛无悬念的现象，造成比赛不够激烈，电视转播效果低下，推广不理想等结果。

从国家体育总局排球运动管理中心进行的《我国优秀排球运动队实施俱乐部体制情况的调查》中可以看出：上述问题在我国排球界也普遍存在。毋庸讳言，中国排球，乃至整个中国竞技运动，正处于十字路口。出路只有一个：在当前经济体制转轨和社会转型的大潮冲击下，走政府包办的老路将难以为继，唯有顺应历史潮流，根治排球运动在以往计划经济体制下形成的“体制病”，实行排球运动的产业化改革，才能从根本上解决排球运动的可持续发展问题。

二、排球产业化难点和对策

现在人们对于是否要实行排球运动的产业化改革，在大方向上似乎已没有多少分歧。而且，在国家体育总局和排球运动管理中心的推动下，排球俱乐部制的改革正在逐步展开。所谓俱乐部制的核心应当是推行产业化，即逐步使现在的排球专业队转变为面向市场、服务社会、独立核算、自负盈亏、自主经营且具有法人资格的俱乐部型的经济实体。实现这样一个改革目标，存在的困难是巨大的，其中最为突出的是必须解决好以下几个问题。

(一) 尊重市场和排球运动规律

排球运动实行俱乐部制或产业化改革，实质上是一种制度创新。即要从计划经济时代的政府直接管理转变为政府宏观调控和法制化的管理。

排球运动有其自身的发展规律，这个规律就是不能脱离社会、脱离市场。从排球运动的发展史来看，这项运动和大多数现代竞技运动一样，原本是发端于民间、植根于社会的一项娱乐游戏，是一种“草根文化”，只是后人逐步使其演变成了一种“制度文化”，并赋予了它浓厚的政治色彩。时至今日，将竞技运动水平与地区或国家的政治地位相提并论的思想观念依然根深蒂固。也许靠政府的支持和少数精英人物的奋斗，排球运动的水平可以迅速地达到一定高度，也可以激发起民族的热情，但要持久地运作并形成规模，造就一种自我组织、自我发展的良性机制，则是非常困难的。在旧体制下，运动队独立于社会，单纯服务于政府，缺乏面向市场的动力，其繁荣靠的是不断增长的政府投入。一旦出现投入停滞或减少，就会引起运动队伍的不稳定和运动成绩的波动；如果再出现因项目比较效益低而被冷落，则更是“雪上加霜”。所以从根本上说，排球运动的发展不能完全依赖政治热情，更重要的是要把排球运动推向市场，回归民间，让俱乐部和职业联赛成为市场的主体。

从出资者看，很容易形成“我出钱，你就得为我拿成绩”的“小老板”思想。殊不知，这是一种典型的、传统的所有制决定论和所有权崇拜观念。从市场经济条件下政府的职能来看，政府投资必须是公益性的或者是产业政策导向性的，而不能用纳税人的金钱去追求某些单一的功利目标。因此，要支持排球运动的产业化改革，就必须转变计划经济时代形成的单纯投资金牌的封闭所有权思想，现代化的政府应当高瞻远瞩，不怕牺牲一点眼前的利益，把对排球的投资看成是对整个排球产业的政策导向性投资，更是为了明天大幅度地减少投资和无须投资。

当然，全运会赛制在目前我国体育市场发育不成熟的阶段也是有其积极意义的。实行两赛相对分离，即全运会的非职业比赛改为 20 或 22 周岁以下年龄的青年比赛，而职业俱乐部则可以从全运会比赛中选拔后备人才，使两赛由目标冲突转为目标一致。

（二）培育球市

实行排球运动的产业化改革，关键在于球市。目前这支“看不见的手”还没有强大到可以影响和支配排球产业的发展，换句话说，排球运动还没有在中国的体育市场上扎根。这里面的原因非常复杂，有经济大环境的原因，也有促销不力的问题；有观众消费能力的原因，也有排球自身魅力的问题；有体制不顺的原因，也有企业自身的问题。首先必须承认，排球不是国粹，而是舶来品，在中国原本是没有文化积淀和市场根基的。因此，从这个意义上说，培育球市乃是当务之急；也正是在这个意义上，应当把中国排球的产业化改革视作一个国家起主导作用的、自觉的制度变迁的过程。或者更确切地讲，是一个文化改造的过程。市场的形成本身有一个发展过程，即从不成熟状态到成熟状态。如何使之成熟，我们认为要从基础做起，使排球运动真正地渗透到中青年一代人的日常生活中去。过去在计划经济体制下，我们的排球是一种纯粹的“精英排球”，高度封闭，即使国手们扬威世界，但离老百姓依然十分遥远。当务之急是要放下排球运动高贵的架子，走向平常百姓，增强排球运动的社会亲和力。假如将排球联赛看作一种即将上市的“新产品”，不妨借用一下当代市场营销学的理论和方法：首先要选准目标市场，即需方人群；其次要对市场进行必要的细分，分别采取不同的营销策略；再次就是要对排球俱乐部和排球联赛等“产品”进行形象设计和精细包装……培育市场的课题很大，关键是要有一批专业人才进行符合市场规律的调查和操作。

第三章　竞技排球运动规律探究

第一节　中国竞技排球运动研究

一、我国竞技排球的改革历程

从拥有“五连冠”传奇色彩的中国女排开始，排球运动一直以来都是我国竞技体育的优势项目，肩负着“奥运争光计划”的重要使命和艰巨任务。我国排球赛制的改革从1996年开始，以排球联赛为改革的突破口，施行主客场制，并且采用市场化的运作方式，由专业队向职业队转变，从此开始排球职业化的发展进程。1997年，中国排球改革迈出了向实体化改革的关键一步，成立了中国排球运动管理中心。通过社会组织的形式，聚拢政府、社会、企业和个人的力量共同管理排球运动，多元化的管理主体、多层面多渠道的参赛路径和不断壮大的排球联赛队伍，促使我国排球联赛的发展不断革新。2000年，我国推出了《关于排球俱乐部管理暂行规定》，明确规定必须是在我国排协正式注册的俱乐部队才有资格参加全国排球联赛，通过不断规范的排球管理制度体系，使排球联赛职业化进程不断加快。在排球联赛的发展进程中，规模与形式日益呈现扩大、多元、多层次和宽领域的特点，比赛规则逐年规范严谨，更能保证比赛的公平公开性，参赛队伍逐年增加，观众人数与日俱增，在多年的培育经营下，全国排球联赛不断创新改革，实现突破，已经成为我国排球协会一项不可或缺、影响深远、参与人数最多、时间连续性最强、范围最广、水准最高的一项赛事，影响着我国排球运动的发展进程。可以说，排球联赛的发展水平与中国排球协会的社会影响力和中国排球运动水准有着休戚与共的关系。

毋庸置疑，我国排球联赛与相对成熟的职业化联赛相比仍然存在着一些差距，我国排球进入市场化运行处于初级阶段，面对市场环境中的主客观因素有待进一步适应与优化，随着排球职业化程度的加深，全国排球联赛所面临的挑战与问题将越来越多。

面对激烈的市场竞争与挑战，排球运动如何在市场经济大潮中不断前行，如何发挥政府在排球运动中的促进作用，是我们必须考虑的问题，既要不断提升排球运动的生存力和竞争力，又要充分发挥政府的宏观引导和政策支持力度，使排球运动的市场化运作更加顺利流畅。

二、我国竞技排球管理

（一）我国排球管理的机构设置

我国排球管理组织机构呈现明显的中央领导地方的特点。我国排球运动管理中心隶属于国家体育总局，是众多体育主管部门其中之一，有其独立的组织机构。排球运动管理中心又分为若干委员会，包括训练部、竞赛部、沙滩排球部、财务经营部、外事部和俱乐部委员会等 6 个部门，在各部门下属又有其自己的组织机构部门和委员会。相对于其他管理部门，俱乐部委员会受排球运动管理中心的直接管理，在俱乐部委员会下面包括各省自己的排球俱乐部，同属于俱乐部委员会之下，受其直接管理部署。而职业排球联赛经营管理主体有联赛组委会与排球俱乐部委员会两级经营管理模式，其中，联赛组委会全面管理全国排球联赛，它的总部及工作机构设在国家体育总局排球运动管理中心，受中国排球协会和国家排球运动管理中心的直接领导。联赛组委会的成员有专职和兼职。中国排球协会是中华人民共和国具有法人资格的、全国性的、自愿结成的、非营利性的管理排球运动的行业性群众体育社团组织。中国排球协会接受国家体育总局和民政部的业务指导和监督管理。国家排球运动管理中心作为国家体育总局的事业单位，它代表的是国家的利益，因此，“提高我国排球运动水平”应该是国家排球运动管理中心的根本目的。

同时，国家排球运动管理中心已经具有了类似企业、民间协会和政府派出机构的功能，成了集政府、社会和企业三种功能于一体的特殊产物。国家排球运动管理中心和中国排球协会具有主要领导的“同一性”，是典型的“一套班子，两块牌子”。而参赛的职业排球俱乐部，其市场学本质是特殊的体育企业，其经营管理的目标在于获取最大的利润，而在联赛的经营管理的实际过程中，国家排球运动管理中心牢牢并直接控制着排球职业俱乐部联赛的三大经济来源——商业赞助、广告和电视转播权出售。因此，国家排球运动管理中心与职业排球俱乐部在发展目标上存在差异，必然导致对利益追求上的差异。这种矛盾的存在，必将会对我国职业排球联赛的经营管理产生不利影响。我国职业排球俱乐部的组建形式基本可以分为三种——企业赞助式、体育局和企业联办式和有限责任公司式。

(二) 我国排球管理的行政职能

我国排球运动管理中心的组织机构职能与其他体育项目管理机构的管理职能基本一致，包括计划职能、组织职能和控制职能。

1. 计划职能

排球运动管理中心的计划职能主要表现在对排球运动管理的组织、协调和控制活动。任何一项体育竞赛都是由一系列环环相扣的细节组成的，这就需要排球运动管理中心通过严格的管理制度和管理流程，对下属各省的组织机构进行计划式管理。排球运动管理中心的科研机构，对排球管理的计划职能发挥着巨大作用。首先，作为职能的决策支持系统，科研机构根据搜集整理的资料、数据和素材辅助决策，提出各种解决方案，对重大决策做出论证，保证决策实施的必要性和可行性。其次，科研机构通过信息反馈的形式为计划职能提供必要的对策和建议，通过对排球运动管理中心的服务信息做出相应运作处理，将零碎的信息予以整合，使信息显现整体性、系统性，为决策提供必要的可行性论证，使决策更能符合市场和大众的需求，使排球运动真正成为服务大众的体育项目。再次，研究机构对于排球俱乐部的管理进行事先的科学论证，详细规划，为俱乐部管理提供服务保障，通过科学设置场地和运动器材，加以科学的训练方案和高超的运动技术予以辅助，使运动员的基本训练要求得以满足。根据运动员的具体情况，协调项目管理中心与俱乐部的任务分配和实践进程，实现排球项目的规范化、科学化和系统化管理。

2. 组织职能

排球运动管理中心作为一个综合的组织管理部门，是中华全国体育总会的团体会员，是中国奥林匹克委员会承认的全国性专业项目运动中心，是国际排球联合会、亚洲排球联合会认可的代表中国参加其活动的唯一合法组织。排球运动管理中心是全国性的专业非盈利的社会组织，由从事排球运动的专业组织机构、各省的排球俱乐部、有兴趣的社会团体和个人自愿组成，具备一定的专业性、整体性和代表性。排球运动管理中心作为一个排球管理的职能组织部门，有其相对应的制度条例，按照《中华人民共和国体育法》《全民健身条例》等相关规定，其组织职能包括落实排球运动的各项具体工作，团结全国排球工作者、运动员和爱好者，推动排球运动在我国的普及和技术水平的提高。同时，不断开拓各种途径和渠道，使排球运动向大众体育运动发展，丰富群众的业余体育文化生活，增强人民体质。在排球运动管理中心的积极组织和联络下，积极参与国际排球联合会和亚洲排球联合会组织的体育活动，可以促进我国排球运动走出国门，加强与外面的交流合作，互相切磋，使我国排球技术不断得到更新与发展，增进与其他国家和地区排球协会、俱乐部运动之间的沟通交流，使我国排球运动不断融入国际排球运动的发展潮流。

3. 控制职能

随着我国体育运动市场化程度的不断深化和市场竞争参与的日益激烈，为了更好地保障体育市场的健康、规范化管理，需要相关的法律法规和规章制度对体育活动的规范化管理予以说明。在国家层面上，有相应的体育法律法规，具体到排球运动管理而言，需要排球运动管理中心结合具体的实际情况和下属排球俱乐部的特点，制定相关的制度和条例对排球运动的发展加以控制，对排球运动的管理予以补充说明，贯彻实施国家相关的体育法律法规，为其做好基础工作。通过排球管理中心对排球运动的管理控制，可以促进排球市场的公开、透明和秩序化竞争，提供排球俱乐部的市场竞争力和经济效益，规范排球俱乐部的日常工作，在法律法规基础上将管理条例制度更加具体化，更有针对性，更好地为俱乐部的发展提供必要的制度基础和现实依据。

(三) 我国排球管理的运行机制

1. 我国排球管理的目标机制

我国排球管理呈现多元目标管理的特点。从我国排球运动管理中心的角度来看，其建立在公共财政基础之上，有政府财政资金的支持，具有一定的公共性质，但因为其组织策划全国排球联赛的开展，所以其管理过程中渗透着一定的营利性质，并且因为管理人员的考核需要国际大赛的排球成绩予以支持，所以也有一定的大赛成绩目标；从我国排球俱乐部的角度来看，虽然俱乐部主要是为满足顾客的消费需求而盈利，但是在市场上不具有完全独立的经营权，也属于自负盈亏的企业，因此其在目标定位上也有一定的多元性，不单纯以盈利为目的和主要手段。可以看出，无论是排球运动管理中心，或是排球俱乐部都存在着多元化的目标利益追求，在多元化利益的引导下，各管理主体的行为也呈现多元化的特点，这也说明我国排球运动管理中的职业体育利益目标非一体化。

2. 我国排球管理的市场机制

我国排球运动管理中心对全国的排球事务进行管理，其隶属于国家体育总局，是公共体育部门的重要组成部分，行使相应的行政管理职能。同时，它也有社会组织的性质，在经营管理过程中有一定的经济利益诉求，并且在政府财政资金支持以外要获得其他资金以促使中心不断扩展壮大，这就形成了排球运动管理中心利用行政职能寻求经济需求的半市场机制。在排球运动管理中心下属的官办俱乐部中，表面上呈现出市场主体的特征，具有独立市场主体资格和处理事务的自主权，但实际上其在运作方式和管理形式上都包含着行政的色彩，受到一定程度的行政管理制度的约束和限制，不是真正意义上的市场主体。因此，我国行政管理垄断性体质下的职业体育，在它的管理过程中渗透着明显的行政管理制度、方式和手段，另外也表现出一定程度的市场经济竞争性、自主性的特点，客观上说，我国排球管理是一种半市场化机制。

3. 我国排球管理的投融资机制

从投资机制来看，我国排球运动管理中心对排球的管理，无论是对全国联赛或是俱乐部的管理，只是政策的投入和公共权威基础上产生的无形资金，不涉及直接的资金投入与赞助。对于产生的收益，排球运动管理中心有绝对的分配权和处置权。排球俱乐部的经营在一定程度上也违背了市场经济的投资原则，既存在一定的公共资金投入，表现出一定的非市场性，但俱乐部的形式实质又是市场化的运营方式。从融资机制来看，我国排球运动俱乐部的资金缺口较大，融资力度难以满足排球运动发展的需求。在排球运动融资渠道主要包括内源性融资和风险投资两种。而我国排球运动的投融资机制违背了“投资”—“收益”的市场原则，投资主体与利益分配主体不一致，俱乐部市场主体的地位难以得到保障，资源无法实现合理配置。

三、我国竞技排球存在的问题

在社会主义市场经济不断稳步前进的现在，体育事业的发展也朝着社会化、市场化和产业化的方向大步迈进。但在计划经济时代就已根深蒂固的举国体制对我国体育事业的发展仍然存在着一定的影响力和控制力。在市场经济的步伐下，原来的体育管理模式不能完全满足现代体育产业化的迅速发展需求，在排球运动的发展中这个问题也不可回避，因此，我国排球运动的管理过程中仍然存在着一些亟待解决的问题。

（一）我国排球管理战略性部署不足

排球发展战略是对我国排球事业的长期规划，具有一定的战略意义和现实意义。就目前排球管理工作而言，明显缺乏对排球运动的长远规划和设想，主要表现在排球运动后备人才培养机制方面。排球运动的后备人才是排球运动长期发展的不竭动力，但据相关数据显示，排球后备人才从 20 世纪 20 年代前到目前专业队数量下降 46.8%，业余队数量下降 32.1%，业余体校数量下降 62.7%，三线队伍在训人数下降 58%。据统计，我国后备人才数量比 20 世纪 90 年代减少 40 070，由此可见，我国排球后备人才培养状况出现大幅度下滑。男、女排一线球员不足 400 人，将业余体校学员全算入总数也不超过 2 000 人。

在后备人才数量不断减少的同时，对于后备人才技术和素质方面的培养也是远远不够的，被忽视的运动员科学文化知识的传授容易导致高水平运动员成才率下降的后果。首先，目前对排球运动员的培养模式局限于运动技术，科学文化知识的忽视导致运动员智力、心理的发展相对滞后，不利于排球运动员的长远发展。其次，在排球运动的发展规划中，对排球的发展缺乏足够的场地基础，中、小学排球场馆较少，特别是农村和偏远地区，没有相应的硬件条件，排球教练水平有限等，导致了排球普及度不高，严重影响了排球运动后备人才与竞技比赛之间的协调过渡，导致了排球后备人才的断层现象，在短时间内难以形成有效机制对人才予以填补。面对运动员的断层和运动场地的欠缺，这些都迫切需要长远的体育发展战略予以正视和解决，只有具备合理的发展战略才能有效地培养运动人才，为排球运动的发展确立目标，奠定基础。

(二) 我国排球管理规范程度不够

我国排球运动的产业化发展处于起步的初级阶段，面对发展经费短缺、外部竞争环境激烈和排球运动影响力无法扩大等问题，无不需要政府体育管理的大力支持，但是在政府体育管理的过程中尚未建立完善的支持体系和显示出足够的支持力度，给排球运动的发展增加了阻力，主要表现在以下三方面：①政府对排球运动的管理缺乏科学性和时效性，由于过分看重体育成绩的取得，将管理的重点放在了与比赛直接相关的活动上，欠缺全局性、宏观性的整体管理。②全国排球联赛的相关赛制和规则有待完善，缺乏相应的法律法规予以规范。我国排球联赛经过 10 多年的发展，逐步形成了一定的规模和效应，尤其是在管理过程中一些制度规则已经定型，但是由于没有形成具有权威性、系统性的法律制度保障，所以使得一些已有的条块化的法规或政府管理制度有较强的人为操作性，规范性和可操作性不够，对具体问题的解决针对性不强。尤其是对具体事务的规定缺乏对应性，如运动员转会、赞助商投入资金和媒体宣传等方面的规章制度还有待进一步完善，以不断填补排球联赛制度中的漏洞和空隙。③对于排球运动的主要经营机构排球俱乐部的管理，缺乏规范的管理体制和相关制度保障，在处理市场、比赛和训练的关系时，就会产生主体不明、权责不清和利益难分等问题，使得俱乐部的管理既有政府管理的行政色彩，又有市场经济的自由主义，不利于俱乐部的规范、系统化管理，尤其是在资金和人才的管理问题上，往往会出现较大的歧义和争端，不利于组织的团结，更不利于排球运动的长远发展。

(三) 重政府轻社会的排球管理模式

我国排球运动虽然已经逐步进入产业化的发展模式，但由于我国体育长期在政府举国体制管理状态下生存，在体育管理过程中，重政府强制管理，轻社会的积极组织参与的现象普遍存在，尤其是削弱学校排球运动的开展，严重限制了社会支持范围的延展扩大，不利于调动社会办体育的积极性。在政府对体育的管理过程中，往往将政府管理放在高高在上的位置，以管理者的身份对体育相关的各项事务进行统筹规划，而忽视政府作为体育事业服务者的身份，没有将体育服务真正落到实处。另外，在政府对俱乐部队员的管理过程中缺乏相应的灵活性和开放性，据调查，在北京奥运会排球比赛队伍中，美国排球运动员中有 8 人为他国俱乐部效力，相同情况巴西队有 7 人，保加利亚、俄罗斯等国男排均有类似情况，女排运动员中，巴西队有 6 人在他国俱乐部效力，美国队有 11 名队员在意大利、俄罗斯等国的俱乐部中充当外援，相比其他国家排球运动员的选择，我国没有一人在国外俱乐部参赛。国外对于排球运动员的职业化发展管理较为灵活，可以根据自身的状况灵活选择适合自己的俱乐部得以发展，流动性较强，促进国内外排球技术的沟通交流，有利于运动员排球水平的提升。而我国的政府管理模式欠缺在运动员管理过程中的灵活性，在运动员的培养模式和培养机制方面不善于革新，局限于僵硬化的管理方式，与世界排球运动的先进管理模式存在一定的差距。

(四) 排球运动管理资金不到位

在我国排球运动的发展过程中，资金短缺一直是限制和困扰排球迅速发展的重要因素之一。排球管理资金不到位，使得排球管理计划无法得以施展，包括对排球运动员的培养、教练的聘请、后备力量的养成、排球运动场地的普及和扩建等，无论是对于排球运动人才还是排球的硬件设施都需要相应的资金予以支持和赞助。我国的排球俱乐部由于长期受计划经济的影响，所以习惯于向国家伸手，存在着等、靠、要的思想，没有形成以市场经济的方式来合理地配置资源的观念，各个职业排球俱乐部没有真正认识到我国竞技排球市场的巨大经济潜力。而全国排球联赛的开展，更是少不了赞助商和政府的资金支持，大规模的排球竞技比赛和表演都以资金支持为保障。而现阶段，由政府公共财政资金对体育项目的支持力度是有限的，无法大面积覆盖各项体育项目的发展，更无法实现对排球俱乐部的长线支持，大部分的资金用于基础公共体育服务设施的建立和完善，对于竞技排球的支持力度有限。为了保证全国竞技排球的正常开展，只能依靠俱乐部的经费，但俱乐部的经费投入是极其有限的，每个俱乐部一支球队参赛的经费投入必须达到 150 万元，如果男、女队同时参赛则需要 300 万元的经费支持，用于运动员的交通、住宿、伙食、比赛场馆和宣传推广等。仅依靠俱乐部的资金投入只能维持排球联赛的基本运作，在扩大宣传、加大市场开发等方面资金的缺口还很大，在政府财政资金支持有限的情况下，竞技排球的产业效应没有得到进一步的挖掘和开拓，资金来源渠道不畅，导致竞技排球发展的资金较为欠缺。

(五) 政府对排球管理的宣传力度较为薄弱

体育运动的发展无疑离不开媒体网络的宣传，离不开政府体育管理部门与媒体的合作与交流，使体育项目的发展不单纯具有体育项目的发展意义，更具有一定的文化传播效用和民族凝聚力，成为促进国家经济发展的动力，使体育事业的发展更具符号效用和品牌影响力。但就目前我国排球项目发展而言，国内三大球运动中排球运动的发展最为缓慢，宣传力度跟进不够。忽视了对于排球运动的宣传，难以在大众中形成影响力。尤其是对于中国女排这块硬招牌的关注度不够，中国女排曾经“五连冠”的优异成绩不但为我国体育赛事创下了奇迹，中国女排顽强拼搏的精神更是鼓舞了一代中国人，无论是对我国体育事业的发展还是对国人的生活都发挥过巨大作用，这都与积极的媒体宣传和塑造是分不开的。现阶段对排球运动的宣传，正是缺乏这种榜样力量的引导和鼓舞，排球运动的正能量影响力在群众中的普及度、关注度不够，迫切需要政府与媒体加强合作，对排球运动项目进行系统化、连贯性、有计划和有组织的报道。

第二节　国外优秀竞技排球队伍分析

一、美国竞技排球队建设

(一) 美国女排的振兴

1．美国女排振兴的历史背景

20 世纪 70 年代的美国兴起了声势浩大的妇女解放运动，在这场妇女解放运动的推动下，美国国会于 1972 年制定了《教育修正法》，明文规定：在教育中禁止有男、女性别差异的体现。体育是教育的组成部分，因此在体育教育中，在竞技比赛中，当然也同样禁止有男、女性别差异的体现。因此，竞技项目中由男子参加的传统的运动项目，女子都可以涉足。即使一些在美国不太开展的竞技项目，女子也同样取得了一席之地。《教育修正法》的产生，对美国女子体育意识的变革产生了很大影响，改变了由于历史造成的对女子参加现代竞技体育的偏见，提高了女子在竞技体育中的地位，为女子参加各种竞技体育开拓了通畅的道路。

《教育修正法》制定后，美国女子竞技体育经费预算也得到了大幅度增加，据全美女子教育计划咨询委员会报告，在《教育修正法》制定前，女子竞技体育经费的预算占美国整个竞技体育经费预算的 2%，到 1979 年增加为 16%。由于经费的增加，开展女子竞技体育所必需的各种器材、设施和设备有了物质的保证，在此背景下美国女子竞技体育人口，包括排球竞技人口有了很大发展。

2．快速增长的排球人口

根据全美州立高中协会联盟 1981—1982 年高中竞技体育项目参加人数的调查，在美国高中女生最喜爱参加的 10 项竞技体育项目中，篮球、田径是最受她们欢迎的热门项目。其次便是排球，在全美州立高中开展排球竞技的学校有 12 164 所，参加排球竞技的女子人口为 282 651 名(注：学校排球竞技人口为学校排球部的人数，并不包括所有参加排球运动的人)。而《教育修正法》制定以前的 1971 年美国高中参加排球竞技的女子人口仅为 17 952 名，10 年间，美国高中女子参加排球竞技的人口猛增了近15倍。

3. 体制改革与技术革新

在排球体制改革方面，美国排球协会明确规定了自身的职责，概括起来主要是：①排球运动的普及振兴；②各种竞赛活动的举办和支援；③世界一流优秀运动员的选拔、培养及其竞技能力的提高；④排球竞技全部资料、情报的收集。除此以外，美国排球协会对下属4个集团组织给以很大的经济自主权和活动自主权，为了排球竞技的振兴，各个集团组织可以自行制定比赛计划，按期自行实施。在经济上各个集团组织亦有相当的自主权，集团组织所举办比赛的票费收入与电视转播费、广告费等收入均由各所属集团组织自由支配使用。经济上的自主权和活动上的自主权极大地刺激了各集团组织对排球竞技振兴和普及的积极性，对美国排球竞技的发展起了良好的促进作用。

学习先进技术，招聘外籍教练，当排球运动在美国以前所未有的势态蓬勃地开展起来的时候，20世纪70年代中后期，美国女排招聘了以色列国籍的犹太人塞林格担任主教练，之后又邀请日本教练吉田敏明夫妇赴美担任塞林格的助手。

4. 科技的催动

据日本排球协会科学研究委员长丰田博著文介绍：“美国女排总教练塞林格在比赛场上经常带着小型电子计算机，作为分析对方的实力、制定作战方案的辅助工具。”塞林格本人也公开宣称：“美国女排的进攻战术是由电脑进行研究的，是用电脑训练出来的。”在一次接受记者采访时，他曾经从口袋里掏出几本画有各种各样曲线和图表的小本子，翻开对记者说：“这是电子计算机画的，里面有人走的路线，球走的路线，运动员起跳高度……”

(二) 美国男排的强盛

这里采用综合分析的研究方法，以美国社会诸因素进行专题分析。探讨美国男排速成世界男排霸主之秘诀，为我国男排的发展提供一个参考性素材。

1. 制度因素

(1) 美国的社会制度。美国是资本主义性质的国家，实行的是地方分权管理体制。体现在体育与运动方面，即在政府中不设对此管理的全国性机构，所有这些组织均是社会性民间团体，它们之间不存在从属关系，都有很强的独立性。

(2) 独特的竞赛及选拔运动员的体制。美国是世界竞技运动大国之一，在美国，体育轴心是围绕大学转动的，其竞赛及培养、选拔运动员体制具有与其他国家不同的独特性。

(3) 排球竞技运动的组织结构及竞赛制度。美国排球竞技运动组织分为美国州联盟排联和美国排球协会这两大体系。在国内它们之间是独立的、平行的社会性团体。美国州联盟排联是以学校为主，美国排协是以社会为主。

2．社会文化因素

(1) 美国文化。“向每个人提供使其能在自由社会最大限度地发挥才能，在现代世界发挥出公民的积极作用的良好教育机会。”，这是美国的教育目的。从宏观的角度看：一个民族文化水平的提高取决于其文化教育的水准，而整个民族文化素养的高低势必对社会各领域的发展、进步起着积极的推动作用。从微观的角度看：美国之所以能成为竞技体育大国，在某种意义上与其运动员、教练员的高知识结构有着密切的关联。

(2) 美国的民族精神。美国是一个多民族的移民国，具有勤奋、自强自立、讲究实效、不墨守成规、富有首创和冒险精神。纵观美国这数百年来的发展，不难看出，其民族精神为美国各方面的发展确实起到了巨大的推动作用。回顾一下美国排球运动的现状及近几年之所以能获取赫赫战绩，无不显示出美国的民族精神作用。

3．经济因素

美国是世界上经济实力最强大的国家，它具有很高的经济垄断和集中程度。由于经济体制不同，在 20 世纪 70 年代以前，美国政府是不向体育投资的。各厂矿、企业和公司等社会集团和私人的资助、赞助、捐献和集资是美国体育发展的主要经济来源。但到 20 世纪 70 年代后，美国政府由于受到了先进国家的影响及国内舆论的强烈要求，迫于巨大压力，从那时起开始向体育方面投资。现在 1 年可向体育投资约 250 亿美元。多渠道的集资，充足的经费，为美国男排进行长期训练提供所需要的场地、器材，邀请外国队来访及出国比赛积累临场经验为荣获“三连冠”提供了雄厚的物质基础。

4．科技因素

前教练员道格·比尔博士与科研人员一起通过生物力学对美国男排的基本技能进行分析，找出不合理之处，以提高教练员对动作的理解能力并以便指导训练和比赛，检验运动员的动作及技术定量化等。还有，美国男排教练邓菲上任后，便将世界上主要强队的各种资料输入计算机，它为制定相应的战术提供了科学依据，在世界大赛中收到了较好效果。美国男排的教练们正是因为在训练和比赛中，运用了生物力学、电子计算机和心理学等科研成果，如同给美国男排插上了腾飞的翅膀，使之如今称雄于世。

二、古巴竞技排球

(一) 社会制度特殊，排球环境优越

卡斯特罗革命成功以前，古巴体育被少数西班牙后裔白人贵族垄断。卡斯特罗革命胜利后，1961 年便成立了古巴国家体育学会，为了培养教练员、运动员，开始向东欧国家输送留学人员。当时的东欧正处于排球运动发展的巅峰时期，而古巴政府也注意到了这些，因此从那时起便将排球定为学校必修科目之一。若发现专项苗子则可免去其他项目的学习训练，专攻一项，并对这些苗子进行集中培训、指导。在那里，从衣食住行到学习训练都会得到极好的安排，费用由国家负担。正因为如此，激发了很多青少年喜爱排球、练习排球，从而使排球在古巴有了广泛的群众基础，并且在国民体育中有着重要的位置。

古巴全国 14 个州都设有古巴排球协会(E．I．D．E．)机构。国内锦标赛以各州之间的对抗形式进行，比赛完全效仿奥运会形式，但州队之间禁止买卖球员。通过国内锦标赛选拔青少年选手向国家队输送。这些队员简直就像待在军校，每天的生活都被规定成固定的模式，从学习到饮食起居、训练，一切均受到严格的管理。古巴男、女排每周训练 6 天，每天 2 次，运动员几乎不可能出

去玩，更别提与家人见面。这种军队式的严格管理磨炼了队员的意志，练就了他们超人的体能和顽强的拼搏精神。

虽然苏联解体后古巴国内同样也出现了严重的物资短缺，但体育界却几乎没有受到影响。运动员的生活是一般国民所羡慕和向往的，他们住在独立的选手村里，生活条件十分优越，有自己的交通工具，每餐营养丰富，在一般古巴人心目中，运动员的收入很可观，都是大财主。事实上，选手们所得的报酬是与运动成绩成正比的。每次奥运会上取得优异成绩的选手及其家属或成员都被送到新建的海滨疗养地享受免费度假。这对一般国民来说是根本不可能的。这一特殊的优越制度，促进了排球在古巴的兴起与发展，许多选手尤其是女选手都梦想通过参加国际比赛而获得海外旅行的机会，这种愿望的满足对于古巴国民来说是一种“特权”。但政府强调每个运动员都肩负国家的重任，也就是说获得“特权”的代价是选手们将参加大赛所获得的个人奖金大部分上交国家。在古巴有这样一种说法：运动员不单纯是竞技选手，他们首先应该成为革命者。因此，在哈瓦那排球馆中高高悬挂着切·格瓦拉的巨幅肖像，所有的比赛及发奖仪式都在肖像下举行。因为切·格瓦拉是古巴革命的先驱，是革命带来了包括体育制度在内的社会制度。

(二) 选材严格，后备力量雄厚

在古巴国内，排球是继棒球、拳击之后的第三大国民体育项目，开展得十分广泛。古巴女排对后备力量的培养非常重视，后备力量雄厚，兵源充足，已形成由初级到中级再到高级的排球人才网。国内有 14 所初级体育学校专门培养排球初级人才，学员为 11～15 岁年龄段。其中 11~13 岁为一组，14~15 岁为一组。每校每个级别 20 人，两个级别共 40 名排球学员，由教练员传授文化知识与运动技术。古巴还有 6 所中高级体育学校，入选 15 岁以上年龄段的优秀学员，专门培养中高级排球人才，并向国家青年队源源不断地输送优秀选手。这些学校对教练员要求很严格，必须是大学毕业，有学士以上学位，既有实践经验，又有技术理论水平。上岗的教练员必须由技术委员会考核，只有在专业技术知识水平及其他条件都符合规定标准时，才能被选拔和任用。上岗教练员到各地挑选的人才也要经过技术委员会的考核检查。因此经高级体育学校输送到国家青年队的选手身材好、体能好、精神好、基本功扎实。古巴女排有周密的发展计划，有长期的，也有近期的。奥运计划有8年和4年的规划……因而古巴女排队伍的更新始终保持在一个科学的、源源不断的高水平人才链上，每次参加世界大赛均能保持强大的整体实力。

(三) 教练员认识高深，训练科学

荣获20世纪世界最佳女排教练称号的古巴女排主教练欧亨尼奥，不仅是一名杰出的排球技术和战术专家，而且也是一名卓越的教练员、心理学家和哲学家。他率古巴女排征战20多年，使古巴女排从崛起走向腾飞，并以其杰出的执教成绩、持续的胜利、富有激情的科学训练及独特的创造性指挥，使古巴女排成了20世纪世界排坛最辉煌的球队，并且培养出了一代又一代世界一流的优秀运动员。他指挥古巴女排创造了世界排球史上空前的“八连冠”神话：1991、1995、1999年世界杯冠军，1992、1996、2000年奥运会冠军，1994、1998年世锦赛冠军。

欧亨尼奥才华横溢，执教经验丰富。他在队里既德高望重，又令人倍感亲切；既作风过硬，令人敬仰，又严格要求，科学训练。他对古巴女排的训练体制、训练模式和训练方法等有其独到的认识。他既熟悉古巴排球，也了解世界排球，可谓知己知彼，博采众长，特别是对世界排球技战术发展趋势、现代女排的技战术特征、排球运动的制胜规律及古巴女排的出路均有高深的认识。因而，他能站在世界女排发展的高度来统领古巴女排，指挥和训练这支高精尖的、既兼众国技战术之长又突出古巴特色的现代女排队伍。

他为古巴女排运动倾尽了全力，除训练比赛外，还用大量的时间写笔记、搜集技战术资料和研究多种训练及赛前方法等，善于学习世界排球先进的技战术打法，并结合古巴女排的自身特点进行改造和创新。同时，他非常重视训练的科学性，教练组里配有心理专家引导队员进行心理训练，有专门的医学专家，并设有理疗室，结合排球的专项特点，有针对性地对运动员进行治疗。队里的医学专家参与全队的训练管理，为保证运动员的正常训练，系统地监控运动员的心肺功能、

血乳酸浓度，为运动员科学有效地消除疲劳、调整运动周期和把握运动高峰等提出建设性意见。他非常重视力量训练，并配有力学专家随队指导，每周进行 4 次大力量训练来锻炼和提高队员的爆发力。每年花很多时间到排球水平比较高的地区访问比赛，锻炼新手，练就阵容，积累比赛经验，提高队伍的战斗力，从而使古巴女排 10 多年来始终是体能超群，攻防兼备，高快结合，作风稳健，立于不败之地。

三、美国、日本、中国竞技排球发展对比

(一) 管理方式

美国、日本、中国的排球组织性质、管理特点及竞赛制度各异，美国最主要的排球组织——美国排球协会(USVBA)是纯民间社会团体，组织权力松散，其下属单位拥有自由权。高水平排球队以大学队为主。日本排球协会是政府间接插手的民间社会团体，统一管理下属部门，具有严密纪律和高水平比赛的赛制，向职业化和商业化发展。高水平的排球队大多数是企业队。中国的排球组织是政府直辖机构与业余社会团体结合，采用民主集中制的管理办法，全国甲级联赛的参赛队以各省、市、自治区、解放军队为主。个别大产业、大学排球队也跻身甲级队行列。

(二) 领导方式

美国、日本两国主要靠社会办排球。美国大学建立高水平排球队和日本企业推动排球的蓬勃开展，值得我国学习。我国也应逐步由国家拨款组建排球队转向社会自筹资金办高水平排球队，减轻国家负担。在领导体制方面，我国正在改集中统一领导为集中领导与分散管理相结合。

(三) 人才选拔

美、日、中三国的排球运动员选拔的主要区别在于：美国从大学队，日本从企业队，中国则从省、市、自治区、解放军队中选拔尖子运动员进入国家队。随着我国社会办排球规模的扩大和水平的提高，大学队、企业队或俱乐部队中的尖子选手入选国家队也将成为现实。

(四) 竞赛制度

我国的排球竞赛制度应进行改革，与国际排坛的职业化道路接轨。可以先从13 支男子甲级队和 20 支女子甲级队入手，借鉴我国中超足球联赛的经验，采用主客场赛制。同时还必须就优秀球员的收入、球员转会和俱乐部建制等一系列问题提出具体规定，将我国的排球运动逐步推向市场。

四、国外竞技排球发展对我国排球运动发展的启示

(一) 完善竞赛体系

建立全国大、中学排球竞赛组织。竞赛组织与方法，可参考美国全国大学生体育协会篮球竞赛组织形式，分区分片分组地进行预赛和决赛的方法。

专业与业余相结合。在全国竞赛制度上，例如可以分大行政区及大、中学两条线进行，而最后又把这两条线结合在全国性的比赛中。可考虑：①中学决赛的前四名，直接参加大学的决赛。②大学决赛的前四名，直接参加全国性比赛。

统一安排，有计划地全年进行。在国家体育总局的统一计划下，分布在全年内，在更多的城市组织各种竞赛活动，使各队在全年内有更多的比赛机会。

(二) 以竞技排球带动群众排球

全国建立大行政区竞赛组织。各大行政区成立竞赛组织，分系统(如省市队、部队队、业余体校队和体育院系队等)成立比赛组织。在各系统比赛的基础上(如各系统比赛的前 3～4 名)进行大行政区的联赛；在各大行政区联赛的基础上再举行全国性的比赛，从而调动各方面的积极性，大力推动基层排球运动的开展。各大区和全国性的竞赛，还可以分甲、乙、丙级进行。

第三节　竞技排球运动发展规律剖析

多年来，有一种观点，一直认为“攻与守是排球运动发展的动力。”近年来，另一种观点认为，排球运动发展的动力是排球运动内部理论与实践的对立统一，

并非攻与守的对立统一。笔者认为，竞技排球的发展是其内部多种动力起作用的结果。各个动力既有各自相对独立的运动规律和独特的职能作用，又相互制约与作用，按一定规律有机地结合成一个整体—动力系统，以一股强大的合力推动着竞技排球的发展。需要、竞技能力、攻防关系、规则与竞赛制度、理论、不同技战术风格流派之间的抗争是动力系统中对竞技排球发展起着普遍作用的基本要素。这些要素在多向与多维、交叉与渗透的相互作用中，形成了一个由深及表、依次递升的多层次的主体网络结构。它体现着竞技排球发展的逻辑与历史的统一，展示了各层次动力之间的本质联系。

一、排球运动发展动力

（一）需要是整个动力结构的根源

从竞技排球起源的动因上看，它诞生于近代资本主义高度发达的美国，绝非偶然。首先，由于 19 世纪 30 年代的社会达尔文主义思潮的影响，美国社会被占统治地位的竞争观念和行为所左右，人们为了满足广泛的获胜需要，势必将市场经济的活动特征和价值观念移情于以身体活动来实现以获胜为最高目的的业余文化活动之中。排球的产生，不能不说是与这种“广泛的获胜需要”有着密切的关联。其次，19 世纪末，随着美国社会越来越多的物质、能量、信息和时间，人们对体育活动的需求亦就日趋强烈。为了让更多的体质各异、年龄不同的人加入体育活动的文化圈，让他们能在不像篮球、棒球和美式足球那样剧烈，而像网球那样温文尔雅的活动中，同样地观照到自己追求的那种内化于意识之中的竞争与获胜的价值观念和裸露于外的“强者因其优越而生存”的行为，于是就诞生了采用网球和手球的一些技术，类似棒球的规则，以篮球胆为活动工具，在网球网上空来回拍打，而又不使球落地的“排球运动项目”的雏形。因此，从其起源的原始动因的意义上说，它是出于人享受的生物性和社会性需要的产物。

（二）竞技能力是整个动力结构的原动力

首先，竞技能力决定着竞技排球某个历史发展时期内，在一定的攻防关系上建立起来的，由特定的攻防战术而呈现出来的技战术打法。其次，竞技能力的发展决定着排球技战术风格流派的变革和更替。最后，竞技能力的发展还决定着新的技战术风格流派最终战胜旧的技战术风格流派。这一点可以从近 40 年来，世界男排的冠军宝座不断地易位于 3 种不同技战术风格的 6 个队之间，而女排的桂冠则由 2 种不同技战术风格的 4 个队分享的竞技排球优势的转移规律中得到有力的印证。

(三) 攻防关系是整个动力结构的加速器

攻防关系对竞技排球历史发展的动力作用，最明显地表现在对竞技能力内部诸如进攻技术与防守技术、进攻战术与防守战术、攻防技术与攻防战术、攻防技战术与运动素质等矛盾运动的反作用力。其主要表现为：当相对平衡的攻防关系与构成竞技能力内在各对要素的矛盾运动相适应时，竞技能力的发展就会出现突飞猛进的局面；反之，就会延缓，甚至严重阻碍竞技能力的发展。

(四) 竞赛规则是整个动力结构的调节器

竞赛规则对竞技排球历史发展的动力作用，最明显地表现在当攻防双方矛盾斗争的结果，破坏了攻防技战术的进步过程与动力机制，最终导致比赛的进程堕入夺权容易得分难的僵化模式时，排球规则就会通过修改、补充和完善的途径使攻防技战术的演变始终服从于从无、少、简到有、多、繁，从无序到有序的发展规律，又使对立与统一的攻防矛盾双方的斗争始终服从于平衡—不平衡—再平衡的螺旋式上升、波浪式前进的发展规律，最终致使竞技排球攻防技战术及攻防关系的形成、巩固和发展成为一个符合事物发展规律的辩证过程。

(五) 竞技排球理论是整个动力结构的催化器

如果说竞技排球实践是解决竞技排球动力结构在与外界竞赛制胜环境进行物质能量信息交换的“外循环”，那么调整，加以根本改造，甚至全部推翻那些与实践中出现的新的事实相矛盾的理论，建立全新的理论体系，使竞技排球动力结构和竞技排球实践的目的性与规律性的竞技排球理论就成为推动竞技排球不断向前发展的“内循环”。

(六) 各种不同风格流派之间的抗争是整个动力结构的巨大杠杆

在竞技排球动力结构中，还有一个集中表现各个层次功能及推动各个层次自我完善的动力，那就是通过世界排球大赛，不同技战术流派之间的抗争。它之所以成为竞技排球发展的直接动力及竞技排球历史变革的巨大杠杆，是因为如果没有各流派之间的技术、战术、身体素质和心理品质等方面的反复较量，体现运动员水平的竞技能力亦就不可能出现持续不断的质的跃迁；如果没有各流派之间的频繁角逐而导致的“竞技排球优势的转移规律性”，竞技排球的攻防关系模式亦就不可能发展到摆动进攻与双线防守有机结合的能高能快、能前能后、能攻善防的整合攻防关系模式；如果没有不同流派之间的限制与反限制、制约与反制约的激烈斗争，竞技排球的规则及排球理论亦就不能发展与完善。

二、排球运动项目分类定位及项目群特征研究

本书从奥林匹克运动项目科学分类的角度，首先对竞技排球所在的项目群——直接竞技类项目群及隔网竞技项目群特征和制胜规律进行研究。在研究竞技排球运动项目特征的基础上，进而揭示高水平排球队的核心竞技能力、制胜规律和制胜对策，以期为提升我国排球运动技术水平提供训练学参考。

国家排球运动管理中心举办高级排球教练员岗位培训班期间，通过对来自14个省市的56名高级排球教练员就竞技排球运动项目特征、高水平排球队核心竞技能力等问题进行了问卷调查和专家评估。

通过对国家男子排球队参加的12场共世界大赛的参赛录像和国家女子排球队参加的17场世界大赛的参赛录像进行统计分析。

通过系统分析从理论上揭示竞技排球运动项目特征、高水平排球队核心竞技能力。

(一) 直接竞技类项目群及其竞技排球项目特征研究

以竞技性质为分类标准对奥林匹克运动项目进行的分类方法，排球运动项目属于直接竞技类项目群(李宗浩，肖林鹏，李军，等，2007年)。已有的研究表明，直接竞技类项目群与间接竞技类现代奥林匹克运动项目群之间的本质区别在于有

无攻防关系，这一本质区别又决定了竞技排球项目存在战术和战术意识要求。此外，攻防关系还决定了直接竞技类项目群既对运动员的运动技术动作提出规范性要求，也提出了抗干扰性要求。竞技排球项目对运动员运动技术动作规范性要求是防止运动队非受迫性失误的保证；对运动员运动技术动作抗(对方)干扰性要求是保证运动员运动技术动作不受对方干扰影响的保证。存在攻防关系的奥林匹克运动项目群的比赛竞争过程复杂激烈，教练员可以也必须进行临场指挥。因此，竞技排球比赛更存在充分发挥教练员作用的可能性和必要性。而且，竞技排球比赛充分发挥教练员作用的潜力空间巨大，比赛结果与教练员的作用关系密切。攻防关系存在与否还决定了不同项目群竞技实力的不同。竞技排球比赛既包含绝对实力的竞技，又包含相对实力的竞技。

(二) 隔网竞技类项目群及其竞技排球运动特点研究

根据奥林匹克运动项目的竞技特征为二阶分类标准的方法，排球运动项目属于隔网竞技类项目(李宗浩，肖林鹏，李军，等，2007 年)。隔网竞技类项目群既可以主动得分也可以被动得分，这种比较特征说明竞技排球比赛己方失误也会失分，从而又决定了其对运动员技术动作规范性要求高，加之其技术动作不受对方身体接触性干扰，运动员触球次数少且时间短而又不能失误的要求，这就决定了排球运动员运动技术动作基本功的重要性。

在隔网竞技项目群中，只有竞技排球运动项目是6人参与比赛的集体运动项目，其他运动项目仅有单人和双人。集体运动项目的特点决定了其战术类别包括单人、双人和多人集体战术，其战术的复杂程度必然高于隔网竞技类其他运动项目，且在隔网竞技类项目群中只有竞技排球运动项目对运动员提出了集体战术意识的要求。

由于竞技排球运动项目攻防竞争主要集中在网口，运动员网上绝对高度决定空中绝对优势，所以，运动队网上绝对高度成为排球比赛制胜的绝对优势。

三、高水平排球队的核心竞技能力研究

(一) 战术系统是高水平排球队的主导竞技能力

一般地讲，运动队战术系统是指一个运动队的运动员及全队的攻防战术体系。

主要包括运动员的配置与组合、攻防阵形和攻防战术体系等。根据系统论可知，系统的功能既取决于系统的要素，又取决于系统的结构，当系统的要素确定之后，系统的功能主要取决于系统的结构。对于集体攻防对抗项目，运动员就是系统的要素，而战术体系就相当于系统的结构。可见，战术系统顺乎逻辑地成为集体攻防对抗项目运动队的核心竞技能力。竞技排球运动项目也属于集体攻防对抗项目，因此，战术系统顺乎逻辑地成为高水平排球队的主导竞技能力。

(二) 规范的运动技术动作是高水平排球队基础竞技能力

竞技排球运动项目相对于其他集体球类项目而言，运动技术动作的抗干扰性要求虽然不高，但是运动项目的失误即失分的特点决定了其技术动作规范的重要性，没有过硬的运动技术动作，根本无法实现比赛目的。因此，运动技术动作的规范性是高水平排球队基础竞技能力。

(三) 二传运动员是高水平排球队关键竞技能力

高水平排球队的战术系统固然重要，但是运动队战术系统仅仅是其战术系统的框架设计和比赛原则方案。比赛的胜负，关键取决于全队的战术行动。在瞬息万变、攻防转换的比赛过程中，场上局面层出不穷，既不以己方的意志为转移，更不以己方预先设计的方案为转移，往往是背道而驰，这就要求二传运动员能够根据临场实际创造性地运用战术。二传运动员能否根据临场实际创造性地运用战术，取决于其战术意识水平和运动技术动作的质量。只有高质量的二传才有可能将运动队的战术系统——运动队的主导竞技能力转变为现实的竞技能力。从某种意义上看，二传运动员是高水平排球队的灵魂。

(四) 运动队文化是高水平排球队无形竞技能力

战术系统、运动技术动作的规范性和二传运动员的质量是构成高水平排球队整体竞技能力的重要组成，是运动队的有形竞技能力。高水平排球队的整体竞技能力还与运动员态度、责任感、自信心、意志力、群体压力及凝聚力等无形要素有关，这些心理要素和思想要素共同构成了运动队文化。运动队文化虽然无形，但是其直接影响运动员行动和士气，直接影响运动队内的人际关系，直接影响运动队的训练和比赛氛围。运动队的无形竞技能力潜移默化地影响运动队的有形竞技能力。同样，高水平排球队的有形竞技能力和无形竞技能力共同构成运动队的竞技能力。

(五) 教练员是高水平排球队竞技能力重要组成

高水平排球队的运动员是教练员选拔的；上场运动员是教练员配置的；战术系统是教练员设计的；战术意识是教练员灌输的；临场换人是教练员安排的；赛程中是教练员指挥的(教练员在排球比赛中可以随时指挥运动队)；运动队文化是教练员构建的，因此，高水平排球队的教练员是保证排球队整体竞技能力最大的必要条件，而且其不但是运动队的隐性竞技能力，而且比赛中更是运动队的竞技能力的重要组成。

四、高水平排球队的制胜对策研究

(一) 结构先进合理的教练员系统

选拔好教练员比选拔好运动员更重要，米卢带领中国足球队的成绩绝不是偶然的。必须承认教练员在本质上是智能结构，而且，教练员的宏观智能结构与微观智能结构同样重要。选拔优秀教练员及构建宏观智能结构合理的优秀教练员群体，是提高我国足球、篮球、曲棍球、水球、手球和冰球运动项目水平的当务之急和重中之重。选拔优秀教练员及构建宏观智能结构合理的优秀教练员群体同样是提高我国排球运动项目水平的重中之重。而国家男、女排球队当务之急是完善教练员群体的宏观智能结构，即借鉴美国职业篮球联赛中的智囊团经验，提高临场统计诊断指挥系统的功能，实现国家男、女排球队的临场指挥的科学化和现代化。

(二) 高水平排球队同样应该重视运动员基本功训练

研究表明，所有非受迫性失误的原因都可以归结为运动技术动作的不规范，高水平排球队(员)同样需要重视运动技术动作的基本功训练。抓好高水平排球队(员)运动技术动作的基本功不但是提高排球项目运动员运动技术动作的规范性，减少非受迫性失误的必要条件，也是提高进攻质量的必要条件。

(三) 全面、准确、有特点的技术是夺取胜利的保证

实行每球得分制后，由于各方可以直接得分和失分，所以对运动员(除自由人以外)技战术的全面性提出了更高的要求，高矮队员，概莫能外，一攻防反，不可偏废。技术全面是指运动员必须加强基本功和基本技术训练，全面掌握各种攻防技术，使对手无懈可击，无隙可钻。规则的修改，允许运动员用身体的任何部分都可以触球后，使得运动员手脚并用，运动员单项技术的运用会从过去比较单调向多样化(如脚背垫球、脚弓垫球和倒勾垫球等)、更合理、更实用和更灵活(如防守时运用双手垫、单手垫、挡垫和顶垫等)的不同动作和手法；向上、中、下三部分，左、前、右三条线路顽强防守；体现出运动员运用技术的随意性和控制范围更大、更全面的方向发展。尤其是各专位所需要的全面技术，力求做到能发能接、能扣能拦、能高能快、能攻能防、能手击也能脚踢。二传手能运用发挥其进攻特长，但这不能成为后者技术片面发展的理由，因为即便由自由防守队员替换自由的防守，被替换队员仍需负担前排三个位置、后排一个位置的接发球和防守。

每球得分制的实施，使各种技术失误成为比赛之大忌和失败的根源，因而要力避失误，争得胜利，就必须有足够的训练强度，有高质量的训练作保证，才能提高技术的熟练性、精确性、安全性和有效性。在重视提高运动员个人技术准确熟练的同时，必须加强个人技术基础上集体战术配合的精确性，提高成功率，争取多得分，少失分。

(四) 快速善变、简练实效的战术组合是取胜的重要手段

快速善变是指判断准确，行动迅速，完成技术节奏清楚，不失时机，攻防转换衔接及时。快速打法是我国特长，今后应向加快、扩大范围、提高高度和灵活变化的方向发展。善变是指善于根据现场情况的发展变化，当机立断，随机应变，巧妙用兵，提高比赛的适应应变能力。新规则促使更多的偶然性产生，更应提高现场的适应性和应变性。面对日益强大的欧美强队，我们必须发挥优势，坚持快

速善变打法，同时弥补弱点，强化拦防和防反能力。

快速，不单纯地表现在接发球一攻中快速打法上，而是体现在比赛中的整个技术动作和攻防转换的整体环节上，例如，二传手利用跳传争取到 0.1~0.2 s 的时间或利用手指手腕的弹压力使球速加快，缩短球在空中飞行的时间，加快进攻的节奏，都在比赛中取得了很好的效果。另外也体现在比赛中队员判断快、反应快、进攻跑动快、踏跳快、扣球挥臂快、后排进攻快、拦网起跳快、防守卡位快、后防反击快、接应保护快和随机应变快。

善变，主要是战术运用上的灵活多变。表现在发球时运动员充分利用端线后 9 m 长的位置空间，采用直线或斜线助跑，运用攻击性强的高点跳起大力发球或远距离平砍式发球和中近距离的找人、找区、找点的战术发球，先发制人；接发球时能根据对方发球情况，运用前排后撤、后排向前或采用分散站位的 2 人、3 人接发球和保护式的接发球阵型；拦网能根据对方进攻战术，运用密集、分散、重叠、换位、空中移位、二次起跳及空中变换手型等形式；进攻采用强攻与快攻结合，拉开与集中结合，长线与短线结合，重扣与轻扣结合，顺飞与逆飞结合，转体与转腕结合，打手出界与快打平扣结合，前排与后排的结合等进行变扣突破。

简练实效是指运用节省化和快捷化的战术配合，实现获取比赛胜利的强烈目的。每球得分制的实施，在世界高水平排球运动队(特别是男排)中，跳发球技术并没有因为它的易失误而减少使用，相反，跳发球的球速越来越快，力量越来越大，使对方的一传到位越来越难。因此，组织网前的一些交叉、掩护和游动等战术越来越难。于是，充分利用网长两边快速甩开和前后排立体进攻等简单而实用的战术的发展就成为必然，诸如立体进攻中二号位进攻的作用越来越大，它的特点一是不好拦，拦网的节奏不好掌握；二是这个位置作为一个主要进攻点，放置的是些高大队员，能有效阻止对方四号位的进攻，是非常实用且有效的。从 1998 年世界排球锦标赛可以看出，意大利、南斯拉夫得分最多的都是这个位置上的队员。还有，立体进攻将前后排快球结合在一起，而后排队员如今能扣出快球、近体快球，并在比赛中取得了非常明显的效果。

战术运用中的“快速善变”是“简练实效”的基础。“简练”是在“快速善变”

基础上切合临场变化的运用和“实效”的具体表现；“实效”则是在“快速善变”基础上和“简练”使用中所追求的结果。

(五) 心理与意识的竞争成为高水平竞技排球取胜的关键

排球心理就是运动员感觉和思维等各种心理过程的反映，以及运用身体和技术战术去战胜对手的办法。而排球意识是排球运动规律在运动员头脑中的反映，是在比赛中所表现出对技战术的一种运用能力。美国学者格鲁波认为，在球类比赛中，生物力学因素(技术因素)对低水平队比赛成绩的影响占 80%，心理因素占 20%，而对高水平队比赛则相反。心理因素占 80%，生物力学因素占 20%。也就是说，越是高级运动队或运动员的比赛，对心理、意识因素要求越高。当今的高水平竞技排球比赛也表明，高度与力量、技术与战术、心理与意识是决定排球比赛成绩的重要制胜因素，而心理与意识因素是运动员充分发挥生理、技战术水平的内部动力和调节技战术动作的主导因素。双方若高度相差无几，谁在心理和意识方面占有优势，谁就能成为优胜者。每球得分制实行后，70%的比赛对抗的比分都能打到 20 分以上，胜负的悬殊越来越小，心理的压力越来越大。因此成熟稳定的心理素质、处理关键球的能力就成为决定胜负必不可少的条件。同时在意识方面也必须表现出很高的水平。只有在比赛中心理和各种意识的加强，场上行动才更加自如，并能有效地驾驭技术，支配战术，控制心态，善于观察、判断，及时准确，巧于灵活应变，同时促使运动员的思想作风、拼搏精神等也得以展现，并最终取得比赛的胜利。

第四章　排球运动员、教练员与裁判员

第一节　排球运动员训练分析

一、排球运动员体能训练

（一）体能训练释义

体能是指人体的基本活动能力，是人体各器官系统的功能在运动中的综合反映。随着人们对健康生活和运动极限的不断追求，体能训练已成为人们关注的热点。对普通人来说，体能训练主要是为了增进健康和提高基本运动能力；对运动员来说，体能训练则是为了提高竞技水平和取得优异的比赛成绩。

运动训练理论认为，体能训练是为提高运动员身体运动能力，结合专项需要并通过合理运动负荷的练习，改善身体形态，提高身体机能，发展运动素质，对其身体结构和功能进行有目的的改造，从而促进竞技水平提高的训练过程。我国运动训练理论对体能训练体系的框架划分如图 4-1 所示。

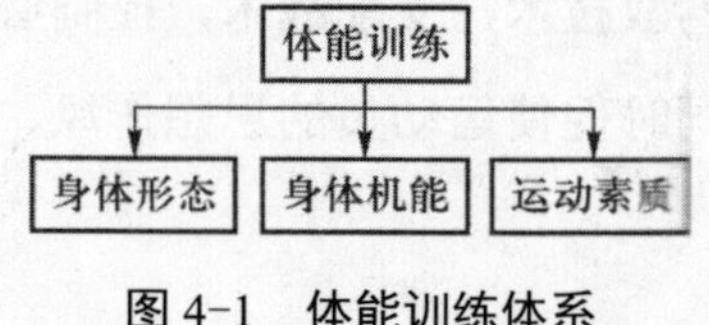

图 4-1　体能训练体系

身体形态、身体机能和运动素质是体能训练的组成要素。运动员的身体形态是指身高、围度和身体成分等指标的构成特征；身体机能是指运动员的身体健康状态、各器官系统的功能、承受大负荷训练比赛的抗疲劳能力和恢复能力；运动素质是指运动员完成技术动作所表现出的速度、力量、耐力、灵敏、柔韧和协调能力。运动员的身体形态、身体机能和运动素质等要素指标的高低，一方面取决于先天遗传，另一方面取决于运动员对后天训练刺激的适应程度。

在体能的构成要素中，运动素质是非常重要的部分，也是运动实践中评价和检测体能训练水平的常用指标。运动素质训练包括速度训练、力量训练、耐力训练、灵敏性训练和柔韧性训练等。运动素质训练的构成要素如图4-2所示。

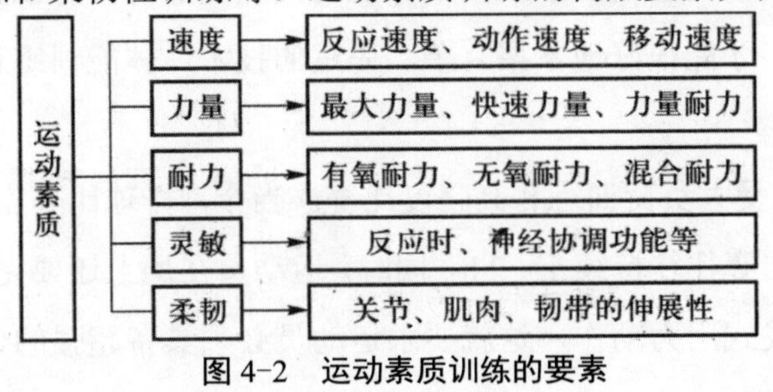

图4-2　运动素质训练的要素

(二) 体能训练的目的任务

体能训练与技战术训练、心理能力训练及智能训练有着密切的关系，已成为运动员竞技能力训练的重要组成部分。体能训练是运动员长时间、高强度、大负荷持续工作能力的训练，它突出对运动员各器官和机能系统的超负荷适应训练，旨在产生机能和心理适应，以达到提高运动员整体运动能力和培养顽强拼搏精神的目的。

体能训练的任务主要包括提高运动员的基本运动能力、专项运动能力和健康水平，减少运动伤病的发生，促进运动员伤后的功能恢复等。

(三) 排球运动员体能训练的作用和意义

体能训练在现代排球训练中占有重要地位。纵观世界排坛发展史，一支排球队要想获得优异的运动成绩，必须做到体能、技能及比赛经验(包括良好的心理训练水平)三者高度统一、协调发展。而这三者之中，体能是基础。没有高度发展的体能，就不可能掌握精湛、高超的技术；没有超群的技术，就不可能在世界重大比赛中夺魁。在夺取胜利的道路上，运动员的体能起着举足轻重的作用。体能训练是排球运动员必不可少的训练内容之一。在排球竞技水平高度发展的今天，对运动员体能的要求是永无止境的，应努力达到最高限度，以促进排球运动竞技水平的不断提高。

排球运动员体能训练的作用和意义主要表现在以下几方面。

(1) 有利于掌握复杂、先进的排球技术动作。在当今世界排坛，跳发球和后排进攻的广泛运用，使得比赛竞争的焦点已由网前的二维空间扩展到整个场地的三维空间。排球运动高超的技术依赖于体能的高度发展，只有在充分发展各项运动素质的基础上，才能很好地掌握复杂、先进的技术，体能训练正是实现这一目的的基本保证。

(2) 有利于承受大负荷训练和高强度比赛。当今，排球比赛竞争越来越激烈，一场高水平排球比赛往往持续 1～2 h，同时，运动员在场上还要完成大量的扣球、拦网和扑救等爆发式用力动作，这就要求运动员必须具备超强的体能。只有通过长期、系统和科学的体能训练，不断承受大负荷刺激，才能打下坚实的基础，使运动员适应高强度的比赛。

(3) 有利于促进运动员身体健康、预防伤病、延长运动寿命。健康是运动员系统训练的根本保证。体能训练能够有效地提高运动员心血管系统、呼吸系统等内脏器官的机能，增强骨骼、肌肉、肌腱和韧带等运动系统的功能，并使中枢神经系统机能得到明显改善，从而有利于促进运动员身体健康。

现代体能训练不容忽视的一个重要功能是预防运动损伤、促进伤后康复；通过有针对性的体能训练，如核心区力量训练，加强人体核心区肌群的力量，可以有效地预防排球运动员常见的腰部伤病的发生；再如，通过对膝、踝、雇等薄弱易伤关节的养护性体能训练，可以有效地抑制排球运动员上述关节的损伤。同时，根据运动损伤部位进行有针对性的养护性体能训练，可以有效地促进运动员伤后恢复，延长运动寿命。

(四) 排球运动员体能训练的生理学依据

为使排球运动员的体能训练取得良好效果，在选择训练方法和手段时，必须充分考虑排球运动的特点和排球比赛对运动员身体素质、机能的要求，而且必须符合运动生理学原理。

从能量代谢的角度看，人体工作时的能量来自三个供能系统：一是磷酸原供能系统，它可使肌肉活动在大强度水平上维持 5～10 s，如短跑；二是糖酵解供能系统，它可以使肌肉活动时间维持 20～30 s 至 1～2 min，如 400 m 跑；三是有氧氧化供能系统，随着肌肉活动时间的延长，有氧的氧化供能在总体能量供给中所占的比例逐渐增大，它可以维持 2～3 min 或更长时间的肌肉活动，如长距离运动项目。

在排球比赛中，运动员肌肉活动的表现形式为间歇运动，即短时间、爆发式的扣球、拦网和扑救等高强度身体动作被短暂的准备姿势、移动取位等低强度动作和间歇休息分隔开。短时间、爆发式的扣球、拦网和扑救主要是磷酸原系统供能。而短暂的准备姿势、移动取位等较低强度动作重复进行或连续多回合争夺，则是糖酵解系统供能居主导地位。从这个角度来看，在排球比赛中运动员的能量供给主要取决于无氧供能系统。但从排球比赛无时间限制、打满 5 局耗时可超过 2 h 这点来看，提高运动员有氧供能能力同样不能忽视。因此，排球是一项要求运动员既有高水平的无氧代谢能力，又具备高水平的有氧代谢能力的运动。三套供能系统构成了排球运动员身体活动供能的结构体系，排球运动员的体能训练必须根据排球运动的特点围绕三套供能系统展开。

在排球比赛中，大多数情况下一个对抗周期的延续时间为 7～8 s，其变化范围为 5.7～10.3 s。在这一周期中，磷酸原系统(ATP-CP)供能占主导地位，即在运动开始阶段，运动员有足够的 CP 储备。“死球”或暂停、换人和局间休息时，由有氧系统供能，且使 CP 得以不断恢复。每球得分制的实施，加快了排球比赛的节奏，也使得无氧供能的主导地位更加突出。国内外专家对排球比赛中运动员心率变化的研究结果也表明，运动员的平均心率为 148 次 / min，前排运动员负荷强度大，最高心率平均为 180 次 / min，无氧供能约展 65.2%；后排运动员负荷强度较小，最低心率平均为 132 次 / min，有氧供能约占 52.3%。

根据心率对运动负荷强度划分的理论，排球比赛属于中等强度负荷的运动。由于排球比赛持续时间长、对抗激烈，且技术动作复杂多变，所以对运动员的中枢神经系统、心血管系统和呼吸系统的机能都提出了很高的要求。

(五) 排球运动员体能训练的内容与要求

体能训练分为一般体能训练和专项体能训练。一般体能训练是采用多种多样的非专项的身体练习，改造运动员身体形态、增进健康、提高身体机能和全面发展运动素质。专项体能训练则是根据专项的需要，采用与专项有密切联系的专门性身体练习，发展和改善与专项运动成绩有直接关系的专项运动素质和专项所必需的身体形态、机能。一般体能训练是专项体能训练的基础。

排球运动员的专项体能是指运动员完成排球专项动作所表现出来的运动能力。排球专项体能的高低，取决于运动员的身体形态、生理机能、健康水平和运动素质。排球运动员专项体能训练的科学性，表现为专项体能训练内容的定向化、训练负荷的定量化和训练过程实施的个体化。

1．排球运动员专项体能训练的内容

排球运动员的专项体能是通过在比赛过程中完成专项运动动作表现出来的。专项体能训练要根据排球运动的特点，采用专门的训练手段来发展与排球运动水平最直接相关的专项身体素质、机体机能能力和身体形态。排球运动员的专项体能是以移动、手臂挥击和跳跃等运动动作为表现形式，以完成移动、手臂挥击和跳跃等运动动作的爆发力为核心的速度力量性运动能力。排球专项所需要的移动能力、手臂挥击能力和跳跃能力是排球运动员专项体能训练的核心，为了提高排球运动员这一方面的能力，在专项体能的训练中，应当重点安排快速力量、核心区力量和速度、灵敏素质的训练，同时，为了减少排球运动员常见的肩、腰、膝、踝等关节的运动损伤，必须加强预防运动损伤的养护性体能训练，通过训练学手段预防或减少运动损伤的发生。排球运动员专项体能训练内容结构见图 4-3。

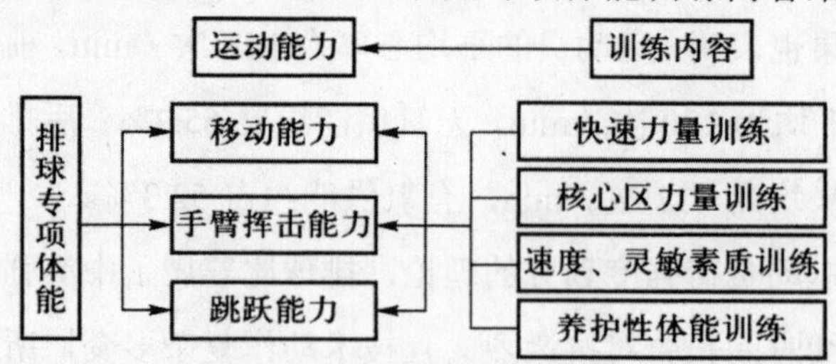

图 4-3　排球运动员专项体能训练内容结构

2．排球运动员体能训练的基本要求

对排球运动员来说，体能训练的重要性是不言而喻的。然而，由于体能训练容易产生疲劳，有些体能训练的方法手段比较单调枯燥，因此，在训练中要加强思想教育工作，使运动员明确体能训练的重要意义，启发和引导运动员体能训练的自觉性，培养运动员不怕苦、不怕累和顽强拼搏的意志品质。排球运动员体能训练的基本要求如下。

(1) 体能训练必须全面，要合理安排一般体能与专项体能的训练重点。排球运动需要全面的身体素质，且各身体素质间又彼此联系、相互依存、相互促进，因此，体能训练必须全面。特别是儿童和青少年时期，更应全面发展各项身体素质，着重提高一般身体素质，为以后进行超负荷的专项体能训练打好基础。全面发展身体素质，并不意味着在运动训练过程中使运动员的身体各部位、器官系统和各项身体素质都得到绝对均衡的发展与提高，而应结合排球项目的特点并根据运动员的性别、年龄和训练基础等实际情况，有主有次、统筹安排。随着青少年排球运动员身体素质发育的日臻成熟和运动水平的不断提高，体能训练应朝着更为专项化的方向发展，训练手段应力求与排球专项技术动作和生物力学特征相一致。

(2) 体能训练必须长期坚持，合理安排多年和全年的体能训练计划。体能训练不能间断，也不能搞突击，要长期坚持，科学系统地安排。这就要求运动员在开始训练到创造优异成绩，直至运动寿命终结的长期过程中，都要按照体能发展的内在规律，做出相应的合理规划。针对排球运动员的不同发展阶段，体能训练从内容、比例、手段和负荷等方面都要做出系统安排。一般来说，冬训期间体能训练比例可加大一些，比赛期间也应保持一定比例的体能训练。

(3) 体能训练必须紧密结合技战术训练，合理安排体能训练在训练课中所占的比例。体能训练与技战术训练既不是互相对立的，也不是可以互相替代的。体能训练的内容、手段和方法，必须紧密结合排球技战术训练，尤其在专项体能训练中，应随时注意对动作提出严格的质量要求，这样才能使专项体能训练更有效地促进排球技战术水平的提高。在一次训练课中，要合理安排体能训练所占的比例，体能训练一般不宜过于集中，时间也不宜太长，最好与技战术训练组合进行，并尽可能使运动员在高度兴奋和精力集中的情况下进行体能训练，这样更有利于保证体能训练的效果和防止受伤。

(4) 体能训练必须把握身体素质发育的敏感期，合理安排身体素质快速增长期训练。由于各项身体素质在人的不同发育阶段发展的程度不同，所以，对于青少年排球运动员来说，体能训练要特别注意把握身体素质发育的敏感期，适时发展相应的身体素质，使该项身体素质在敏感期得到较大提高。儿童少年时期，以重点发展柔韧、速度和灵敏素质为宜。女子在 15～16 岁、男子在 17～18 岁可以开始逐渐加强力量训练，但由于生长发育尚未成熟，不可盲目地进行大负荷力量训练。

(六) 排球运动员体能训练的发展趋势

随着运动人体科学的快速发展和体育科技的广泛应用，排球运动员体能训练呈现出日趋科学化的新趋势。

1. 重视科学选材，为体能训练奠定科学训练基础

随着竞技排球的发展，运动员先天条件的重要性愈显突出。要培养和造就优秀的排球运动员，必须高度重视科学选材。排球运动员的科学选材是根据遗传学的理论，结合排球运动的专项要求，通过对运动员形态、机能、心理和智力等方面选材指标的测试和评价，选拔在排球运动项目上具有杰出才能和发展潜力的先天优势的苗子。

当今排球运动员的体能训练，无论是训练理念还是训练计划的制订以及训练过程的实施，都深深刻上了科学训练的烙印。在训练理念上，更加强调全面、系统和整合的思想；训练计划也改变了以往传统经验式的制订模式，通过对运动员进行科学监测和诊断，使体能训练处在可控范围内；多学科成果的综合应用，为体能训练带来了新思路，如人体运动仿真实验，为科学监控和模拟训练练提供了更为便捷的手段。总之，排球运动员的体能训练已走向高度综合和高度分化的阶段，体能训练达到了前所未有的科学化程度。

2. 运动人体科学研究直接服务于体能训练

随着高新技术手段的广泛运用，运动人体科学服务于排球运动员体能训练的

领域将更加宽广。例如，运动生理学、运动生物化学和运动医学等科研工作者走出实验室，深入到排球场监测运动员的身体机能，为合理安排运动负荷和训练后的体能恢复出谋划策；运用分子生物学手段研究运动与基因表达；运用核磁共振成像技术评定运动损伤和肌肉体积形态学指标变化；运用同位素研究手段观察机体代谢的动态变化等。

3．传统和现代训练方法相结合，训练手段趋向多元化和模式化

当今排球运动员的体能训练不仅保留了传统的持续、间歇、重复、循环和比赛训练法的精华，而且还引入了电刺激训练、振动训练、核心训练和功能恢复训练等新的方法和多元化手段。例如，为提高高大排球运动员的灵敏协调性，广泛采用绳梯、平衡盘和瑞士球训练等，将传统训练和现代训练方法相结合，给传统的体能训练注入了新的活力。再如，根据排球运动的特点，将核心稳定性训练+力量训练+功能性协调训练组合成一种模式，使力量训练的效果向排球专项技术的用力方式过渡与转换，通过动力性的牵拉有效地排除身体产生的乳酸，恢复肌肉的弹性，大大提高了力量训练的效益。不断探索新的优化模式是当前体能训练的主要课题和发展趋势。

4．高度重视功能性训练和高效能的恢复训练

现代排球运动员的体能训练，已突破单一的传统体能训练模式，走向了功能性训练的发展道路。功能性体能训练更加贴近技术动作模式，强调多关节运动链的作用和人体非稳定状态下的动作稳定性。加强功能性体能训练，对进一步提高高水平排球运动员的竞技能力具有重要作用。

在当今排球运动员专项训练越来越强调高强度的形势下，恢复训练的作用显得越来越重要。各高水平排球队无不高度重视，采取多种手段加速恢复的实现。表现在训练的过程中，从训练内容的安排上就注重合理搭配，如大力量训练完成后安排有氧运动，有利于加速身体机能恢复；大负荷训练后进行形式多样的牵拉运动，有利于训练造成扭转的肌纤维重新归位与排序，尤其是高水平排球运动员的训练，已将对身体各主要关节和肌群的牵拉作为一项不可或缺的训练内容和恢复手段。

5．注重体能训练的整体性和分化性特征

整体性，是指注重对体能训练中各要素的统筹与优化，注重对神经、肌肉和本体感的功能性训练，注重多关节运动的协调性训练，避免以往单因素(如耐力)、单功能(如肌肉)、单关节体能训练的局限性。分化性，是指体能训练与专项结合得更紧密，方向更明确，训练更细化，体能特征更具专项性。注重排球运动员体能训练的整体性，就是要在体能训练单个或组合训练手段的选取中，尽可能最大限度地包含排球比赛所需的各种专项体能，以期达到各种体能最佳的整体协同。而分化性则是要准确地把握排球运动的供能特点，突出无氧爆发力训练和长时间保持高强度对抗的体能储备。

总而言之，在排球运动员竞技能力的诸多构成因素中，体能起着举足轻重的作用，跳得更高、进攻更强、移动更快永远是夺取胜利的关键因素，这些都需要以卓越的体能作为基础，体能训练在现代排球运动训练中的地位毋庸置疑。

二、运动员心理训练

(一) 心理技能训练的概念

广义来讲，心理技能是指有目的、有计划地对受训者的心理过程和个性心理特征施加影响的过程。狭义来讲，心理技能训练是指采用特殊的方法和手段，使受训者学会调节和控制自己的心理状态，进而调节和控制自己行为的过程。

概括来讲，心理技能训练就是采用一定的方法和手段对人的心理施加影响，对大脑进行专门化训练，以达到强化心理技能、培养特殊心理能力的目的。简言之，心理技能训练就是系统的、持续的心智技能练习。

心理技能训练是科学化训练的重要组成部分，它渗透于技术训练、战术训练和身体训练之中，并起到联结与调节的功能，因此，排球训练应树立心、技、战、体相结合的观念，而不应将心理训练孤立地进行。

心理技能训练是现代竞技运动训练系统中不可缺少的一部分，它影响和制约着运动员身体、技术和战术水平的改善和提高，可促进运动员心理过程的不断完善，形成专项运动所需要的良好个性心理特征，获得高水平的心理能量储备，使运动员的心理状态适应训练和比赛的要求，为达到最佳竞技状态和创造优异成绩奠定良好的心理基础。

心理调节能力和技术能力、战术能力、身体能力一样受后天环境和实践活动的影响，可通过训练获得和提高。心理调节能力的训练遵循一般技能训练的规律，必须长期、系统地进行，指望心理技能训练的方法一学就会、一会就用、一用就灵、立竿见影是不切实际的。

心理技能训练追求迁移效果，不但可使运动员对某种情境中的某个问题的心理调节能力得到提高，而且对其他情境中的其他问题的应付能力也能得到提高；不但会使运动员在自己的运动生涯中受益，而且会使运动员本人终生受益。其最终目的是使运动员勇敢、从容、理智、巧妙地面对一切困难，去争取成功。

(二) 运动心理技能训练的性质

体育运动中的心理技能训练简称为运动心理训练，其定义有广义和狭义两种理解。

1. 广义上的理解

广义上的理解是指在体育运动中，对运动员进行有意识、有目的地施加影响的过程，使其心理状态发生变化，达到最适宜的程度，以满足提高运动技术水平和增进身心健康的需要。

2. 狭义上的理解

狭义上的理解是指采用专门性的具体的训练方法，改变运动员或学生的某一具体心理因素，以适应体育教学、训练和比赛的需要。

3. 广义、狭义两种运动心理训练比较

广义的运动心理训练是采用各种方法对运动员的心理施加影响的过程，狭义的运动心理训练则是采用心理调节的专门技术手段进行训练。

广义的运动心理训练是着眼于心理状态的普遍适应和改善，狭义的运动心理训练则要求提高具体的心理素质或克服某种心理障碍。

广义的运动心理训练涉及的问题较多，一般短期内不易看到直接效果，狭义

的运动心理训练则要求具有明显而较快的心理训练效果。

在实际应用中，两种运动心理训练是紧密联系、相辅相成的。作为统一的心理训练概念，不应当人为地把两者割裂开。

(三) 心理技能训练的重要作用

实施运动心理训练的理想目标是培养运动员积极而乐观的个性、强烈而主动的需求、独立而创新的思维、坚韧而果断的意志、丰富而自控的情绪、集中而稳定的注意、清晰而敏锐的感觉、自信而清醒的意识、快速而主动的应激和高昂而互动的士气。

总之，要保持正常行为，能出现超常行为，调节行为障碍，都需要进行一定的心理技能训练。心理技能训练的重要作用主要表现在以下几方面。

1. 提高心理活动水平

运动竞赛实践证明，优异运动成绩的创造和激烈比赛的获胜取决于多种因素，其中，身体素质是保证运动质量的生理物质基础，运动技术是基本条件而心理素质是两者能够发挥作用的内部动力。平时若没有良好的心理训练，具备一定的心理素质，即使具有较好的身体和技术训练水平，在比赛中也未必能取得理想的成绩。有人提出比赛的成功率30%归于心理，70%归于其他，是有一定道理的。

运动实践表明，心理因素是运动员或学生在学习、训练和比赛中控制、调节自己的生理活动和技术动作的主导因素，这是因为：①心理活动水平太低，不能对生理活动和技术动作进行有效的控制和调节。在这种情况下，尽管具有较好的身体素质和技术水平，也不能使其充分发挥作用。②心理活动水平过高，充足的生理活动能量会冲击心理状态，使其产生紧张，进而冲击肌肉动作，使其用力过大导致动作变形，造成比赛或训练的失误。

为此，必须用心理训练的方法，提高心理活动的强度(激活水平)，使其达到能进行自我控制、调节的水平，以适应教学、训练和比赛的需要。

2. 掌握和改进动作技能

在体育教学和运动训练中，学生学习运动技术，不单是对肌肉活动的训练，而且也是对心理机能的训练，运动技术的学习过程实际是智力和体力活动结合的过程。因此，心理训练和技术训练同等重要，并且是相互联系的，如念动训练就体现了两者的密切关系。念动训练是指运动员有意识地、积极地利用头脑中已形成的运动表象进行训练的方法。头脑里有了运动表象才能去做动作。在念动训练中，运动员的注意力要集中，当在头脑里详细“描绘”出将要做的动作时，就会在头脑中“看见”这个动作，而且也对完成这个动作所使用的力量有所体会，即产生完成该动作的动作表象。通过多种感知相结合的动作表象的回忆，能达到巩固和改进动作的目的。

3．消除疲劳、恢复体力

在教学、训练和比赛中，运动员或学生承受着较大的运动负荷，在紧张的比赛活动和大运动量训练时，往往会出现疲劳和体力不佳。心理训练有助于帮助他们消除疲劳和恢复体力。研究表明，大运动量训练后，进行 5 min 心理自我调整训练，其身心恢复情况几乎和 1 h 的自然睡眠或传统的恢复手段相同。这些方法早已在运动实践中被人们所采用。心理自我调整训练之所以有如此显著的效果，在于它是借助于神经与肌肉之间相互适应的现象，对自己的心理施加影响而产生积极作用的结果。

4．有助于运动员克服心理障碍，建立积极的态度定势，形成良好的训练和比赛心态

心理训练可以帮助运动员改变消极的思维方式和内容，用积极的思维和对成功的引导反复进行表象练习，进而能够使之重新增强信心，系统脱敏，克服紧张情绪，达到有利于比赛的心理状态。

此外，心理训练还能帮助运动员或学生克服恐惧、消除紧张。例如，通过生物反馈训练，对于消除过度紧张、恐惧和焦虑情绪有很大作用，对治疗一些疾病也有好处；通过“脱敏”训练，可使运动员或学生比较冷静地对待比赛等。心理训练对于集中或转移人的注意力，调节和培养人良好的活动动机，发展人的意志品质等都有积极的作用。

(四) 运动心理训练的发展趋势

运动心理训练的发展趋势主要表现在以下几方面：

(1) 研究对象不断扩展，研究体系不断完善；

(2) 注重优秀运动员个性化的培养与比赛发挥的引导；

(3) 更加强调运动员心理技能的增强，而不只局限于心理障碍的克服；

(4) 更多地培养运动员的自我意识和心理自助能力；

(5) 更多地采用现代化的仪器增强心理训练的科学性和实效性。

第二节　排球教练员分析研究

一、教练员与队员的交流

(一) 语言交流技法

1. 语言交流的要求

由于每个教授者各自的特点不同，所以其表现的语言艺术的特色也不尽相同。但是作为一种教学的语言，它有着共同的规律和特点。体育教学与训练的特点决定了体育课堂中的语言交流应符合以下几方面的要求。

(1) 准确清晰。体育教学与训练的语言是对体育知识、技术和技能的客观表述，教授者选词用字一定要准确清晰。有时，一字不准就会改变知识与技术的特性，甚至出现错误。例如，正面上手发球要求“用全掌击球的后中下部”，绝对不能说成“击球的后中部”。体育课中的语言准确还表现在使用术语要准确，在排球课堂中要使用“垫球”“传球”“扣球”“拦网”等术语，而不能说成“托球”“拍球”“拦球”等。教授者要以身作则，准确无误地运用体育术语。

(2) 生动形象。在体育教学中，教授者运用生动形象的语言是队员学习好的一个重要条件，生动形象的语句、比喻，以及幽默的情趣、栩栩如生的象声词，可以创造一个“如闻其声，如临其境”的氛围，达到一经点到便茅塞顿开的语言功效。并且，教学实践中所创造的许多生动的语言，简洁明快，说起来朗朗上口，听起来饶有兴趣，符合青少年的心理特点，使队员容易接收、理解和掌握。例如，有的教练员或教师在给学生讲解技术要领时总是编成口诀，如半蹲准备姿势的口诀为“两脚开立比肩宽，两个脚尖向内转，上体前倾脚跟提，关节投影依次前”；正面传球的口诀为“蹬地伸臂对正球，额前上方迎击球，触球手形成半球，指腕缓冲控制球”等。

(3) 精练简洁。体育课堂由于受时间的限制，所以要求语言交流必须精练简洁，达到精讲多练的目的。语言的精练简洁要求教授者熟悉教材内容，善于抓住难点重点，合理归纳，提纲挈领，熟练运用术语，正确选词择字。例如，有的教授者在教正面双手垫球的技术动作时，将完整复杂的技术过程用“夹(臂)、插(到球下)、压(腕)、提(肩)、蹬(地)、跟(腰)、移(重心)”7个字来概括。这7个字高度概括了正面双手垫球的技术要领，体现了技术的结构和环节，也大致指出了动作的用力技巧，简明扼要，精练具体。

(4) 寓意深刻。教授者在传授体育知识、技术和技能的同时，要注重对学生思想的教育，注重对队员意志品质的培养。在排球教学与训练中，可以用作鼓励队员刻苦训练的事例较多，如中国女排的“五连冠”、2004 年雅典奥运会中国女排时隔 20 年重夺世界冠军等。除此之外，有的教授者还善于挖掘教材本身的思想教育因素，如在进行身体素质练习时培养学生吃苦耐劳、持之以恒的顽强品质，在体育比赛中培养学生团结协作、互相配合、全力以赴的集体主义观念和在激烈对抗中调整心态的积极意识。

(5) 通俗易懂。在进行语言交流时，要根据教学对象的特点，选择合理的语言内容和表达形式，既要言简意赅，又要通俗易懂，还应适应队员的心理特点。例如，给少年儿童上课，就不宜使用成人化的语言；而如果使用儿童化的教学语言给大学生上课，虽然通俗易懂，但学生也会感觉到幼稚可笑，不屑一顾，从而使教学效果大打折扣。

(6) 诚恳亲切。教授者充满情感色彩的教学语言，能使队员不仅从语言的内容上，而且从语言的表达方式上都乐于接受，即人们常说的“通情达理”。可见，人际交往中“通情”是“达理”的前奏，没有感情的沟通就没有对道理的认同。在教授者和队员的沟通交流中，只有做到知识和情感水乳交融，才能达到畅通无阻、事半功倍的教学效果。在体育课上往往会遇到一些具体的困难，如有些队员在学习拦网的初始阶段会产生胆怯心理，导致缩手缩脚，甚至不敢尽力起跳。在这种情况下，教授者诚恳的教态、亲切的语言一般会对这些队员产生激励作用，使他们找到克服困难的信心和勇气。

(7) 节奏鲜明。体育教学的语言讲究抑扬顿挫的节奏感。这是语言的艺术，也是教学和训练的艺术。具有音韵旋律之美的语言可以增强语言的感情效果，提高教学质量。教授者的语言要做到快慢有度、轻重适宜、急缓相间、蓐密有序。教学语言的节奏性主要体现在以下方面：①吐字要准。教授者在与学习者交流时一定要吐字准确，如“调”和“跳”、“十”和“四”，吐字要清清楚楚，不能含糊。②音量有别。对集体发出的指令，声音要高，音量要强；对小组进行指导，使用中音即可；而对个别队员进行指导或批评，则尽量使用低音，能使对方听清楚就可以。③语速变化。体育教学的语言要体现出快慢缓急。教授者往往依靠语言速度的巧妙变化来创造跌宕起伏、抑扬顿挫的语言效果，以吸引和感染队员。一般来说，分析技术和讲解动作要领时要慢，对刚刚出现的错误动作进行纠正时语言要快，口令和指挥调动队形要急，对队员提出批评时要缓。

(8) 风趣幽默。体育教学与训练的课堂应该呈现生动活泼、快乐愉悦的气氛，教授者风趣的表达、幽默的语言、诙谐的比喻和机智的谈吐都能打破课堂的沉闷，改变课堂的气氛。特别是在运动量较大或练习内容较为枯燥，学习者感到疲劳和低落的时候，一句风趣幽默的语言可以转移学习者的注意力，帮助他们消除心理疲劳。

2．语言交流的技巧

(1) 表达的技巧。说话前要经过思考，避免随意、不负责任地讲话；尽量使用简练、直接的语言，立即说出要说的话；讲话要具体，避免冗长的独白；表达要清楚，前后要一致，语言信息和非语言信息应统一；交流中尽可能使用正面的表达方式；使用征求意见的表达方式，如“我想你并未尽力，你在想什么？”，如果想强调某事，设法用不同的方式来说同一件事；力求获得听者准确理解的反馈，要求对方对你的讲话做出反应；避免使用讽刺、挖苦的语言，与青少年学习者交谈时尤应如此。

(2) 提问的技巧。强调学习过程，通常“问”学习者该做什么比“告诉”他们该做什么要好；设法让学习者积极参与到问题中来；鼓励学习者从经验中学习，如“如果你再遇到这种球，该怎么传？”，力求在学习过程中增强学习者的独立性和自我控制能力；在训练时尽可能使用有效的发问，如“什么？”“怎样？”“什么时候？”“哪儿？”等；尽量多使用非限制性的提问，它将有助于产生更有益的交流，如“你喜欢这样扣球吗”属于限制性提问，与“这样练扣球和你以前练扣球相比感觉怎样”或“你最喜欢这样练扣球的哪一点”这两种提问相比较，后者得到的信息要多得多。

(3) 奖励与批评的技巧。要用诚实的态度正面地处理问题，慎用消极的批评；告诉学习者具体“要”做什么，不说“不要”做什么；要注意观察，并以真诚的态度及时奖励，不因事小而不为；对学习者的努力态度要多奖励，少奖励比赛结果，使学习者对自身努力而刻苦的训练感到骄傲；采用在奖赏和鼓励之间的褒贬式批评(积极的褒贬结合)，首先指出学习者做得好的方面，然后让他知道不对之处，并告诉他如何改正，最后不要忘了鼓励他；当学习者犯错误时，要保持冷静，应等待他自己改正和打出一个好球，这可能是他一次自我提高的机会；对于初学者，奖励与鼓励应更多一些，以激发他们的自觉性与积极性。

(二) 非语言交流技法

1. 非语言交流的类型

(1) 面部表情。面部是人体表情最丰富的部分。教师可用眼睛、眉毛和嘴等传递信息。尤其是眼神接触的时候可传递许多信息，教师的眼神运用主要包括注视、环视和虚视三种形式。

(2) 手势。指手、手指、手臂和拳头动作的综合体现。运用正确而适度的手势，不仅可以表达思想、传递感情，还可以增强教师口头语言的说服力和感染力，是教师重要的无声教学语言。

(3) 体态。力求保持直立挺拔的姿势，显示信心、活力和开放；行走时，步法要快速、坚定而有力，即便在疲劳时也应如此。

(4) 身体姿势。身体姿势是教师通过自己躯干和四肢动作来传递或辅助传递教学信息的一种活动姿势，主要包括站立姿势和身体移动。教师不同的身体姿势会给学生不同的感受。如教师站姿挺拔、充满自信，会使学生注意力集中、精神振奋；教师不断改变自己的身体位置可以拉近师生之间的距离，促进师生之间的信息和情感交流，使教学训练活动变得更加活泼和富有生机。

(5) 服装和外表。指教师的外貌容颜、发型和着装服饰等。教师穿着应干净整洁，服装要得体，注意卫生习惯，包括牙、手、指甲、头发及身体的气味等。

2．非语言交流的基本要求

(1) 运用非语言交流时，要自然得体、富有美感。教师运用非语言交流一定要和自己的教学思维活动相一致，一举一动、一个眼神、一个微笑，都应该让学生感到真诚可信，切不可矫揉造作，扭扭捏捏。

(2) 运用非语言交流时，要和口头语言表达相结合。非语言交流是口头语言交流的有效补充，因此，两者要紧密结合，相互补充，使其更具有说服力和感染力。

(3) 运用非语言交流时，要恰当准确，简繁适度。教师运用非语言交流要掌握好时机，做到少而精，简繁适度，恰当准确，这样才能起到画龙点睛的作用。

(4) 运用非语言交流时，眼神要有的放矢。教师在教学训练过程中运用眼神表达某种意思时，要根据具体情况，运用注视、环视和虚视等方法跟学生进行沟通和交流，这对提高教学训练效果具有重要的促进作用。

(5) 运用非语言交流时，外表修饰应体现教师的职业特点。体育教师的着装应具有体育教师的特点和职业要求。教师干净得体的外表修饰，会对学生产生潜移默化、言传身教的作用，有助于学生良好习惯的养成。

3．非语言(体态语言)交流的练习

(1) 站姿。教师平时站立时应挺胸收腹，头颈正直，身体端庄自然，养成良好的站姿习惯。

(2) 行姿。教师应经常练习队列队形，行走时应精神饱满，步履轻盈稳健，协调自然。

(3) 手势。教师平时可对着镜子练习手势的运用，同时手势要和语言表达相结合，举手投足讲究得体、自然适度。

(4) 面部表情。教师平时可对着镜子练习面部表情，微笑时应亲切、自然、真实、和蔼可亲。

(5) 目光。目光要专注集中，温和自然，具有亲和力和洞察力。教师可运用注视法、环视法和虚视法等练习，体会不同眼神的特点和效果。

二、教练员的带练技法

排球教练员的带练技法的技术动作较多，概括起来可分为扣打技法、抛一传球技法、抛二传球技法、掷球技法、挡球技法、推球技法和单手击球技法 7 种。

(一) 扣打技法

1. 扣打技法的分类和分析

(1) 抛打。即教练员自己抛球，然后向练习者扣打。

1) 准备姿势。教练员站在网附近，面向后场，两脚自然开立，双手或单手持球于腹前，两眼注视练习者的动作。

2) 抛球。用双手或单手将球平稳地轻抛在击球手臂的前上方 50 cm 左右。

3) 挥臂与击球。在抛球的同时，击球手臂顺势抬起，屈肘后引，上提稍转，展腹，挺胸，手指自然张开微屈呈勺形。击球时，利用转体收腹的力量带动手臂加速挥动，小臂放松主动用力，屈腕屈指在头的前上方全掌包球向前推压，击准球的后上部。

(2) 打垫。即教练员将防守队员垫回来的球连续向防守队员扣打。扣打防守队员垫来的球，难度稍大，技术动作也较复杂。扣打这种球时，教练员首先要加强判断，根据球速和弧度判断来球的落点，然后迅速移动取位，将击球点的位置保持在击球手臂的前上方，看准防守队员的位置，用扣打技术击球。

2. 扣打技法要求

(1) 扣打要准确。训练防守时，一定要打准。也就是说，教练员应根据防守队员的位置和任务，控制扣打球的落点，这样训练才有效果。

(2) 扣打时要活、要变。教练员用扣打技能训练防守时，不能让队员被动地等球，而要通过扣打技法的变化让队员脚步练活。这就要求教练员在击球时不能一味地死打，而要根据队员的准备姿势，变化扣打力量或方向等，使他们在移动中找球防守。

(3) 扣打要有气氛。教练员的扣打与队员的防守是对抗的矛盾，因此，教练员一定要通过扣打技法将队员的情绪调动起来。

(二) 抛一传球技法

1. 抛一传球技法分析

(1) 准备姿势。教练员站在 3 号位，身体背向球网，两脚自然分开，双手持球于腹前，两眼注视接球队员。

(2) 抛垫球。利用双手抬臂的动作，将球平稳地向前上方抛出，使球垂直下落在 1 号位、5 号位、6 号位。

2. 抛一传球技法要求

(1) 抛球要稳、准，难度适中。

(2) 对于初学者，要抛近距离、较轻、较慢的球。

(3) 对于有一定基础的学习者，要适当地抛出力量较重、弧度较平、速度较快的球。

(三) 抛二传球技法

1. 抛二传球技法的分类和分析

(1) 抛一般球。指教练员在网附近抛出的顺网一般高度、供练习者做正面屈体扣的球。

1) 准备姿势。教练员站在 3 号位附近，身体侧对球网，两脚自然开立，双手持球于腹前，两眼注意扣球队员的行动。

2) 抛球。利用双手抬臂的动作，将球平稳地向前上方抛出，使球垂直下落在 4 号位的标志杆内侧附近，高度在网上 2 m 左右。

(2) 抛快球。指教练员在网附近抛出的低弧度、供练习者做快攻扣的球。抛快球技术与一般球技术一样，其不同之处在于：抛快球的用力轻，且主要靠抬小臂的抖手腕力量，将球送到扣球队员的击球手上。

(3) 抛调整球。指教练员在后场抛出的各种斜网球、供练习者做调整扣的球。抛调整球与抛一般球相同，但需要增加蹬腿动作，依靠全身力量将球抛到网附近。

2．抛二传球技法要求

(1) 抛球要稳、准、高度适中。

(2) 抛球要减小球的抛物线弧度，使球尽量垂直下落，便于扣球时选择击球点。

(3) 抛球时要根据扣球队员的需要，尽量主动适应扣球队员。

(4) 抛球时要有变化，逐步增加难度，提高扣球队员的实战能力。

(四) 掷球技法

1．掷球技法的分类和分析

(1) 掷高远球。指教练员向场地内掷弧度高、距离远的球。

1) 准备姿势。教练员在场地外的边线附近，两脚自然开立，双(单)手持球于头顶，注视场上接球队员的行动。

2) 掷球。利用收腹挥臂，带动手腕向前加速，小臂放松，手腕、手指用力甩动，将球向接球队员投出。

(2) 掷近网球。指教练员向场地进攻线以内掷小弧度的球。掷球准备姿势与掷高远球一样，不同之处是掷近网球用力稍轻，将球掷在进攻线以内的位置。

(3) 掷任意球。指教练员任意掷出各种速度、弧度和落点不同的球，供练习者适应不同的来球。

2．掷球技法要求

(1) 掷球目标要准确。

(2) 掷球力量要适中，速度由慢到快。

(3) 掷球最好与抛打、吊球技术结合运用，提高练习的实战性。

(五) 挡球技法

1．挡球技法的分类与分析

(1) 双手挡球技法。教练员用双手挡击胸部以上力量大、速度快的来球。

1) 准备姿势。两脚前后自然开立，与肩同宽，身体重心在两脚之间，上体稍前倾，两臂放松，自然弯曲置于腹前，两眼注视接球队员。

2) 挡球。手形呈抱拳式或并掌式。挡球时，手臂屈肘上举，肘部朝前，手腕后仰，以手掌外侧和掌根所组成的平面挡击球的后下部。击球瞬间，手腕要紧张，用适度的力量将球向前上方挡起，击球点一般在两肩的前上方。

(2) 单手挡球技法。教练员用单手挡头部上方和身后球，有时也可以起跳将球挡回。

2．挡球技法要求

(1) 挡球要反应及时，脚步移动快速。

(2) 挡球时力量要适中，控制好球的方向和落点。

(3) 练习者要有一定的预判能力。

(六) 推球技法

1．推球技法的分类和分析

(1) 推吊球。它是以扣打技法为佯攻，然后突然改变挥臂动作，以轻巧灵活的手指、手腕动作，将球推吊在接球队员附近的一种带练技术。训练防守时，推吊球技法经常与扣打技法结合运用来发展练习者的快速反应和判断移动的能力。

1) 准备姿势。教练员面向练习者，两脚前后自然开立，单手或双手置于膝前，两眼注视练习者的动作。

2) 吊球。以单手传球的手形为例，五指保持一定的紧张度，击球的后下部或侧后部，将球轻轻地推吊在练习者身体的前、后、左、右附近。

(2) 推平快球。指教练员面对练习者推出速度又快又平供练习者练习的球。准备姿势同推吊球，以双手传球的手形，十指保持一定的紧张度，推球的舌中部，将球快速地推到练习者的身体附近。

2．推球技法要求

(1) 推球目标要明确。

(2) 推球的动作要具有隐蔽性，尽量不要让练习者觉察到。

(3) 要把扣球与推球技法结合运用。

(七) 单手击球技法

单手击球技法是指教练员用单手将球击出一定弧度供给练习者练习的一种击球技术，是训练课中运用最多的一种击球动作。如二传训练时，教练员用单手击球的方法供球；分队攻防对抗训练时，教练员在场外用单手击球的方法供球；练习接发球时，教练员用单手击球的方法向接发球队员进行发球等。总之，单手击球技法用途广、方便、实用、省力，是一种非常好的供球方法。

技法基本动作方法：两脚左右开立，与肩同宽，两膝微屈，上体稍前倾，左手持球于腹前，两眼注视接球队员。击球时，左手由前向后稍摆动抛球，正好与从右后侧向前摆动的右手撞击，右手半握拳，用掌根击球的中后部或中下部，使球呈一定弧度飞向接球队员。

第三节　排球裁判员分析研究

一、裁判员的组成及其主要职责

(一) 裁判员的组成

一般正式排球比赛，需要第一裁判员和第二裁判员各一名、两名司线员和一名记录员。大型的正式排球比赛，需要一名第一裁判员、一名第二裁判员、四名司线员和两名记录员。

(二) 裁判员的主要职责

1．第一裁判员的主要职责

(1) 位置。一般处于高于球网的裁判台上进行工作，他的视平线必须高出球网上沿约 50 cm。

(2) 赛前。第一裁判员主持场地、器材检查工作，主持挑选发球权、场区工作，主持入场仪式，掌握准备活动时间。

(3) 赛中。第一裁判员的判定是最终判定，他有权更改其他裁判员的判断。第一裁判员在比赛成死球时，允许比赛队的暂停或换人请求。第一裁判员主持决胜局的挑边工作，回答场上队长所提出的解释规则等问题。第一裁判员还负责决定赛场条件是否符合比赛要求。赛中，只有第一裁判员有权对不良行为和延误比赛犯规进行判罚，对击球犯规、高于球网上部的犯规、后排队员与自由防守队员犯规进行判罚。

(4) 赛后。第一裁判员主持退场仪式，检查记分表，确认无误后签字。

2．第二裁判员的主要职责

(1) 位置。第二裁判员的位置在第一裁判员对面，记录台前约 3 m 的无障碍区中。

(2) 赛前。协助第一裁判员进行有关准备工作。分发和收回场上阵容位置表，每局比赛前核对双方队员场上位置，第一局和决胜局比赛开始时将球递给第一发球队员。

(3) 赛中。第二裁判员赛中必须对以下犯规鸣哨并做出手势：接发球队位置错误；队员触及球网和第二裁判员一侧标志杆；网下穿越进入对方场区和空间；后排队员完成拦网及自由防守队员试图拦网；后排和自由队员进攻性击球犯规；球触及场外物体、触及地面而第一裁判员难以观察时。在比赛中，第二裁判员可允许比赛队的暂停请求，并具体进行操作，第二裁判员可以用手势指出职权以外的犯规，但不得鸣哨，不得坚持。

(4) 赛后。协助进行退场仪式，在记分表上签字。

3．司线员的职责

(1) 位置。有两名司线员时，一名处于第一裁判员右侧的边线与端线交界处 2 m 左右位置上，另一名在另一场区的对角上；有四名司线员时，各站在一条线后 3 m 处。

(2) 司线员主要判罚“界内、外”球，并以旗示表明自己的判断。

(3) 用旗示表明球触手出界犯规、球触及标志杆犯规。

(4) 对发球队员脚触及端线及越出发球端线犯规用旗示表明。

(5) 在观察判断时，因视线被挡住无法判断时，出示无法判断旗示。

4．记录员的主要职责

(1) 赛前。登记队员姓名、号码，取得双方队长、教练签字。登记上场阵容，并有责任给予保密。

(2) 赛中。主要工作是记录两队得分情况，登记发球轮次，并观察发球次序是否错误、认可换人的请求、掌握换人和暂停次数并通知裁判员，当发现请求为不合法时，应拒绝并通知裁判员。在每一局结束和决胜局中交换场区时，应及时通知裁判员。记录延误比赛犯规和判罚不良行为。

(3) 赛后。登记比赛最终结果一栏相关内容，记录员签字，然后依次取得双方队长、裁判员的签字。如果赛中运动队提出抗议申诉，比赛后允许队长在记录表上填写相关内容。将记录表和成绩报告单交竞赛部门。

二、裁判员的工作方法及其配合

(一) 裁判员哨声、手势与旗示

1．第一裁判员的哨声、手势

第一裁判员的哨声要求：哨声要及时、果断、响亮，力争做到一成死球，即闻哨声。在开局和关键比分下的哨声要加长、加重；在一般情况下，哨声要稍轻、短促；在有争议或来回球较多的情况下，哨声要加长、加重。手势要求：手势要大方、清楚、正确，并有短暂的展示时间。出示手势一般分三个步骤进行：①一只手指向发球一方；②另一只手指出犯规性质；③必要时指出犯规队员。

2．第二裁判员的哨声、手势

第二裁判员的哨声除了及时、响亮外，还要求在第二裁判员职权范围内的判罚哨声要加长、加重。第二裁判员在自己职权范围内的手势也是三个步骤：①一只手指出犯规队员犯规性质；②必要时指出犯规队员；③另一只手指向发球一方。

3．司线员旗示

司线员旗示要求：出旗果断、准确、大方、有力。司线员应一手持旗，站在指定区域内。旗示后应有片刻停留与第一裁判员对视后再自然收旗。

(二) 裁判员的临场操作方法与工作程序

在比赛过程中，裁判员除履行规定的主要职责外，还要遵循有关的操作方法与工作程序。

1．第一裁判员的临场操作方法与工作程序

(1) 赛前。首先，第一裁判员开赛前的主要工作是在规定时间时召集双方队长到记录台前进行挑选场地 / 发球权工作。挑场地 / 发球权分为两类：一类挑选发球或接发球，另一类挑选场区。先选者在这两类中任选一项，后选者再选另一类中的一项。挑选工作完毕后，双方队长需在记分表上签字。裁判员将挑选结果通知记录员。其次，第一裁判员对场地、器材和设备进行检查，包括球的气压、网高、场地画线、运动员席、记录台和裁判椅等。

(2) 赛中。准备开赛时，待第二裁判员将第一个球递给发球队员，发球队员准备好后开始鸣哨。第一裁判员要面向发球一方，观察发球方有无犯规行为。在比赛进行中，裁判员要随时注视球、队员及其与网的关系。

(3) 第一裁判员同其他裁判员的分工配合。在发、接球时，第一裁判员主要看发球一方，第二裁判员看接发球一方。在网上扣、拦球时，第一裁判员主要看扣球一方，第二裁判员看拦网一方。第一裁判员要经常用目光同第二裁判员、司线员和记录员联系。要注意记录员、第二裁判员出示的提醒手势。

(4) 赛后。第一裁判员主持退场仪式，并详细检查记分表，确认无误后，在其他裁判员签字后，最后在记分表上签字。

2．第二裁判员的临场操作方法与工作程序

(1) 赛前。协助第一裁判员进行有关检查与准备工作，并参与挑选场地 / 发球权工作。

(2) 赛中。队员接发球时，第二裁判员要观察、判断场上队员是否存在位置错误犯规。网上扣、拦球时，第二裁判员主要看拦网一方从起跳到落地是否存在过中线、触网等犯规。第二裁判员的位置要根据球和队员的位置做前后、左右移动，以便对自己职权范围内的犯规做出准确判断。

(3) 第二裁判员在暂停时的操作方法。当教练员或场上队长在死球时用相应手势提出要求后，第二裁判员首先应鸣哨，然后看表掌握暂停时间，并且观察场上情况，双方有无其他犯规行为，同记录台进行工作联系，必要时要将暂停次数通知第一裁判员和教练员。暂停时间到，第二裁判员鸣哨恢复比赛。

(4) 第二裁判员在换人时的操作方法。当教练员或场上队长在死球时用相应手势提出要求后，第二裁判员先鸣哨，然后跑到边线与进攻线交界处，面向记录台，先看记录员是否举单手以示合法替换，再让上，下场队员在换人区进行替换，待记录员举双后示意记录完毕后，第二裁判向第一裁判高举双手，以示恢复比赛。

(5) 第二裁判员同其他裁判人员的分工配合。第一裁判员在比赛中不能轻易下台处理问题，因此只能通过第二裁判员进行问题处理。第二裁判员是枢纽，在第一裁判、记录员和运动员之间起着上传下达的作用。第二裁判员应经常同第一裁判员交换目光，以示默契。第二裁判员对记录员的工作起监督作用。

(6) 赛后。第二裁判员在双方队长签字后在记分表上签字。

3．司线员临场操作方法与工作程序

(1) 司线员看线的操作方法。加强预判、抢好角度、看线等球、出旗果断。

(2) 司线员站立姿势。两脚开立、身体自然、重心居中、手持旗自然下垂。

(3) 司线员对犯规的判断以相应的旗示向第一裁判员示意，但当第一裁判员未注意、比赛继续进行时，司线员应收回旗示，不得坚持。

4．记录员工作方法要点

(1) 比赛前记录表的填写。

1) 在记分表上填写比赛名称、日期、地点及运动员姓名、号码等，请教练员、队长核对并签名，一经签名不得更改。

2) 根据第一裁判员通知，登记挑边结果，记录台左方队为 A 队，右方队为 B

队。在先发球队 A 上划×号，先接发球队 B 上划×号。

3) 根据教练员交来的上场位置表，登记上场队员位置轮次与号码，记录完毕后将位置表交给第二裁判员。

4) 临赛前要核对场上队员号码是否与记分表上位置轮次顺序相符。核对无误后举双手向裁判员示意，核对有误则应立即通知第二裁判员进行处理。

(2) 比赛开始后记录表的填写。

1) 比赛开始后，登记该局开始时间。

2) 对发球轮次和得分的记录方法：第一个发球，在先发球队的发球次序第一轮表格内的 1 数字上划 / 号，表示该位置的队员发球，同时，在接发球队第一轮表格内划×号，表示该队接发球。发球队得分时在该队右侧累计分栏上划 / 号，连续得分则连续划 / 号。发球队失分后首先在对方(接发球队)的累积分栏上划 / 号，然后在对方(接发球队)下一发球轮次表格内的 1 数上划×。

3) 换人的记录方法：某队请求换人时，应将替补队员号码填写在被替补队员号码下方格内，并在下方格内记下比分，将换人一方比分写在前面，并在某队比分上划号以示该队掌握发球权。被替补队员再次上场时，依前述方法记录，最后在替补队员号码上画圆圈，以示该名替补队员本局不能再上场替换队员。

4) 暂停的记录方法：某队请求暂停时，在该队累积分数栏下方格内，记上暂停时比分，记录要求同换人记录方法。

5) 第五局记录方法：某队得 8 分时，应及时通知裁判员让运动员交换场区，并将记分表上左方队发球次序队员号码等移到右方后半局的相应栏内。在原左边、右边的累积分下划横线，表示换场前双方所得分数。换到右边的队在已得分数下也划横线，换场后得分从此开始登记。发球轮次继续以此进行记录，左方队换人、暂停栏目的内容也要换到右方相应栏内。

6) 一局比赛结束后，应在两队最后比分上划一圆圈，表示该队最后所得分数，并将累积分栏中多余的分数划掉。最后填写结束时间。

7) 延误比赛的判罚和不良行为的判罚记在左下方相应栏目内。因对方被判罚所得的分数必须在累积分数上划一圆圈。

(3) 比赛结束后记分表的填写。一场比赛后，在记分表下方栏目填写有关汇总的内容。最后按以下顺序取得签名：记录员、双方队长、第二裁判员、第一裁判员。

(4) 记录员工作方法要求。

1) 记录员必须认真、细致，并且按照一定程序和工作规范做好临场记录工作。

2) 记录员登记完上场阵容表后，要注意保管和保密。

3) 记录员在对换人的暂停及判罚有关条文登记完毕后，应举双手示意，表示登记完毕，可以开始比赛。

4) 记录员有权提醒裁判员不符合规定的判罚。记录员应对场上发球队员次序错误鸣哨并通知裁判员。

5) 正式比赛中设第二记录员，负责登记自由防守队员上下场的比分、号码及掌握技术暂停时间和局间休息时间。

第五章　排球运动教学分析

第一节　运动技能教学

一、有效教学

无论你是否打排球，有效的培训都需要你用不同的方式来学习这项运动。伟大的排球运动员不必成为好的教练，而伟大的教练可能不会成为明星球员。作为一名优秀的排球运动员，尽管可能有助于你以较高的水平来打排球，也有助于你使用复杂的战术和战略来积累经验，但教导和训练一支队伍对你的能力会提出完全不一样的挑战。你必须掌握从打球到教球的转变，这一步通常会走得比大家所认为的更难。运动员对每种技能的感觉——他的移动感及成功执行战术的意识会逐渐增加。作为老师，你必须寻找方法来帮助运动员获得这种打球的意识或感觉。你必须明白，不同的运动员通常以不同的方式来感知和学习相同的技能。

此外，作为一名优秀的老师，你要为球员和球队的表现承担责任，但不要把球员的表现不佳个人化，也不要将之全都归到自己身上。如果你躲在球员打不好球的借口之后，就永远不能主动地发现哪种教学策略能推动球队进步。但是如果你相信以下信条——“团队将反映教练告诉球员的一切，或是反映教练允许他们所做的一切”。你就会明白，每个球员都可以提高。即使一个球员的技术水平属于平均水准，你也可以：

(1) 鼓励他拥有激情去努力对待每一次触球；

(2) 为球员安排训练机会，直到他能够持续地掌握技能；

(3) 激励球员去帮助整个团队，使之激发出大于各个部分总和的潜力。

如果你不断地寻找新的方法来教授同样的技能，最终会找到一个有意义的节奏、突破口或概念去触发球员有所反应，从而让他终于开始在他之前努力的领域有所提升。作为一个教练，你有责任找到一种方法来教导、推动和激励每个球员去提高技术。这种理念本身(也就是你愿意为每位球员的表现负责)会产生一种创造性的、激动人心的和非常有效的教学过程，这种教学反过来会促使个人技术的提高，从而最终让团队有更好的表现。

二、技术和战术能力

教练有责任耐心、系统地向球员解释和训练他们，教给他们基本技能去完成比赛。这些技能被称为技术能力，它们为每个球员提供基本的原则指导，帮助他们达到打球的身体要求。随着每天的练习，你也必须在球场上创造一种比赛氛围，使球员在这种氛围下使用他们的技能，迫使他们做出反应，积累各种技术运用和战术选择。这些技能，我们称之为战术能力，它是平时训练和真正比赛之间的桥梁。虽然正确执行所需的技术能力是胜利的必需条件，但球员做出正确决定的能力，即战术能力，在真正的比赛当中是一切的关键。

当然，其他类型的技能，如身体能力、心理技能、沟通能力和性格特征，都有助于运动能力(雷内·马丁斯[RgiBer Martens]，《成功的教练》，第三版，美国伊利诺伊大学香槟分校：Human Kinetics，2004 年，186—188 页)。尽管所有这些技能都很重要，然而，针对排球技术和战术能力的有效教学仍然为成功的排球训练奠定了基础。

本书侧重于如何基本地平衡排球的技术和战术能力。我们的目标是提供一个资源，当你在努力教授你的球员这项激动人心的运动时，本书将帮助你提高对排球的理解，并改善你的教学方法。

(一) 技术能力

技术能力被定义为“移动身体完成动作的具体过程”。对于排球技术能力的正确执行，显然是其成功的关键。大多数教练，甚至那些有一点经验的教练，都知道排球的基本技术包括发球、一传、二传、扣球、拦网和扑救。但教导球员执行这些技能的能力需要长时间的沉淀，教练员需要慢慢地积累知识和经验。

作为教练员或者教师应该提高自己以下几方面的技能：

(1) 清晰地把每个技能的基本内容传达给球员；

(2) 创设训练和教学情境去演练实战所需的技能；

(3) 检测和纠正球员在运用技能时的错误；

(4) 帮助球员把平时训练的能力转化到比赛中。

高效的教练有能力把他们对技能的知识和理解转化为帮助他们的球员提高技能。

(二) 战术能力

技术能力的掌握对于打排球是很重要的，但是球员也必须学习打排球的战术。战术能力被定义为“球员在比赛中胜过对方球队或球员的决定和行动”。基本的排球学习材料可能会专注于技术能力，可能忽视了战术方面的能力。从实际的角度而言，教练甚至会省略战术考虑，因为他们非常注重教授技术能力。对排球运动员而言，如果想要全面发展得更好，他们需要同时学习技术和战术。你可以学到战术技能的一种方法是，专注于三个关键方面，即“战术金三角”：

(1) 阅读比赛规则；

(2) 获取所需的知识并做出相应的战术决定；

(3) 在正确的时间使用正确的决策技巧去解决问题。

也许一个教练最大的挫折就是目睹球员在比赛中犯错误，但其实他犯错的这项技术在平时训练中做得很好。例如，一个攻手在平时训练中可以成功地把球扣到对方场地上，但是在比赛的情况下，当给他的球传得不够到位或他前面的两个拦网手比较强大，他就不能够穿过拦网手扣球得分。从训练的技术转移到实战是不容易的，但是你可以少走弯路，把球员放在类似比赛的情况下去训练战术技能。只有在训练中反复演练战术意识后，球员才能在比赛时准备好去执行这些意识(同时保证他们执行相关的技术能力)。

三、传统式与比赛式的指导方法

从训练水平转移到实战是很困难的。良好的技术支持和战术训练能帮助球员做好准备迎接实战。但是你可以超越这一水平，将类似比赛的情境纳入日常训练，进一步提高球员训练水平转移到实战水平的可能性。要了解如何做到这一点，你必须知道两种指导方法——传统式方法和比赛式方法。

(一) 传统式方法

虽然针对比赛的训练方法有许多优点，但传统的训练方法也是有价值的。传统式方法通常以热身开始，紧随其后的是个人练习和团队练习，然后是激烈的对抗练习(或并列争球的练习)。传统的教学方法对于提高排球的技术能力是很有帮助的。但是除非你磨合、明确和加强虚拟比赛情境的训练，不然球员可能很难把训练学到的技术转移到实际混战中，或者更糟的是，他们无法有效地在比赛中执行战术意识。

(二) 比赛式方法

比赛式方法强调利用比赛和小型比赛来帮助教练，为他们的球员提供一个尽可能接近真正比赛的环境(阿兰·G．劳德，《比赛式练习》，美国伊利诺伊大学香槟分校：Human Kinetics，2001 年)。但此方法需要的不仅仅是让球员们站在球场上，也不是抛出一个球让他们玩。当你使用比赛式方法的时候，应该包含以下三个组成部分：

(1) 磨合；

(2) 明确目标；

(3) 加强训练。

磨合式训练让你所创设的比赛情境有利于学习特定概念的技能。通过调整规则、环境(场地)、比赛目标和球员的数量，你可以更好地磨合队员的训练。通常在混战的情况下，更强的球员往往占据主导地位，而实力较弱的球员很难通过混战扮演一个强大的、积极的角色。你的目标应该是增加每位球员的触球机会，因此如果你通过缩小区域或减少球员数量来磨合他们的训练，每一个球员将有机会获得更多触球及学习和练习在球场上特定位置的技能。

你还需要帮助球员明确排球的特定目标。如果球员知道他们为什么要打球及他们训练的策略如何满足更大的愿景，那么他们就更容易学习，或者说至少对学习保持开放的态度。因此你需要为球员提供明确的关于技能、训练和比赛的目标，给他们一个简单的解释，告诉他们这些目标将如何帮助他们在训练和比赛中成为更好的排球运动员。

你必须在训练中发挥积极作用，加强整个球队的训练，在合适的时机暂停对抗来指导他们，或把单个球员叫到一边，指导他们在那样的情况下如何提高他们的反应或技术能力。

关于排球战术能力教学的比赛式方法，有一个例子叫作小场地三人一组的游戏。设立一个场地，放一个额外的标志杆在网中间，画一条线在那个场地的地板中间(在网两边纵向都如此)。场地的一侧有三名球员，其中两个负责接球，在网前的第三个球员准备传球。另外有三个球员在网的另一边，其中一个球员从线后面发球。由于场地比较小，所以发球者需要击球更准确。对方接到发球后将其传给网附近的二传。二传将球传给己方的两个攻手之一，或者也可以把球直接扣过网得分。接球一方覆盖的区域很小，因此他们应该更容易成功得分。

防守一方只需在一半的场地上拦网和防守，这样他们就可以减少对二传和攻手的关注。他们将学习如何在拦网者附近自己来读懂击球者的移动和位置，这样他们就能够把排球防住。他们必须在一个较小的场地内控球，因此需要更准确地把球垫给二传。这种小场地、少球员可让球员在发球和扣球时更准确，并且由于覆盖面变小从而减少他们对防守的关注。较小的场地和更少的球员也意味着每个球员在相同时间内会进行更多的触球。一旦球员回到标准尺寸的场地上，他们就会看到自己的技能有所提升。

训练排球队员是一个极具挑战性、但很有意义的工作。排球教练不仅负责培养优秀的球员，而且负责发展球场上下的年轻男女球员。本书的重点是关于排球教学中必不可少的基本概念和策略，教导球员技术和战术技能，并且使用传统式和比赛式方法来进行。本书提供的有效教学基础将帮助你掌握可帮助球员改进和完善一系列技巧和能力的艺术，以及它们的不同应用手段，这些手段让排球比赛变得节奏飞快、内容复杂，令人无比兴奋。

第二节　训练方式创新

一、训练评估

（一）理解评估的目的

球员需要知道并理解测试的目的和它与排球运动的关系。如果正在评估技术能力，其关联性应该很容易理解；但是如果正在评估身体技能或心智能力、沟通能力和性格能力，就必须解释技能和运动之间的关系所带来的益处。这样做是告诉球员主人翁意识对其发展的重要性。

（二）鼓励不断进行改进

教练必须激励球员不断提高自己。了解技能和排球的关系会对其有所帮助，但有时实践和训练似乎离比赛还有很长一段路要走。对于身体技能，提高测试过程中的状态可以帮助激发球员。如果可以创设一个类似比赛的氛围，有许多球员看着你进行测试，同时如果用一种更加强调个体的方式来测试，那么球员将会有更多的能量和热情来参与竞赛。记录最佳表现的目标墙和数据墙也可以用来激励球员。这些最佳纪录可以有好几类，如前 5 名或前 10 名的表现，从而给更多的球员一个客观的机会去竞争。建议把球队人员根据位置分开。

最好的动力就是人们都会追求个人最佳的表现，包括身体技能测试方面或提高得分方面，可以同最近一次的评估相比，主要体现在技术、战术、沟通和心智能力的衡量。一名球员用自己今天的表现与昨天的表现进行对比，他总是可以收获成功并取得进步，并且他不需要与队友的成就相比。一名球员看到自己的进步后，他会有动力继续练习和训练。这个理念比较关注个体，但和团队概念也不冲突。相反，你可以通过简单地提醒团队来促进团队发展，如果每个球员每天都能有更好的表现，那么整个团队每天也都会变得更好。

（三）提供客观的测试

所有测试和评估必须公正、正式且一致。球员很容易发现测试过程中存在的缺陷，然后对结果失去信心。球员完美地执行测试方案时，他的能力就应该被信任。教练必须系统和准确地以同样的方式对待每一名球员，因此测试必须公正，这样结果才有意义。

你必须有好的测试形式并注意测试的细节。评估工具也是如此，这些工具不需要定量地衡量。排球教练如果想评估技术能力，就必须使用相同的工具，让所有球员处在公平的位置来一致进行评估，这样球员才会信任所形成的结论。

(四) 有效地提供反馈

教练必须专业地传达对球员测试及其表现的反馈，而且尽可能个人化。没有球员想失败，当他们的表现不如他们或教练的期望值时，他们的自觉性就会延伸。同时，每个球员都有他需要提高的领域，你必须与那些有需要的球员沟通，特别是如果他没有看到或知道他需要改进时。与球员私下进行定期会谈对于交流这些信息是至关重要的。真实的结果、每个球员的排名对比图表、先前测试结果的历史记录，甚至球员表现的视频分析，都可以在不同层面针对这些去交流，包括需要积极改进和提高的领域。同每个球员聊聊结果和目标，为每个球员如何达到目标制订计划。如果你面对大量的球员，可以在某些场合通过微妙的方式来进行这些个人会谈——请求球员训练或运动后留下几分钟、提前去训练来创造机会单独跟一个球员交谈，或在固定的时间传唤一个球员进办公室交谈。这些一对一的会谈是目前最好的与球员交流的方法，可以很好地告诉他们需要改进的领域。

(五) 真实可信

你必须针对球员评估过程使用适当的原则。你必须是一个在这项运动技术、战术能力知识方面的专家，这样就可以准确持续地分析和评估球员的表现。你必须了解身体技能的价值和重要性，使之转化应用到比赛当中。你必须表现出杰出的沟通能力，使你的教学是高效的。同时在与其他同事和教练同行的关系上必须表现出相同的技能处理，尤其是当你负责监督球员时，这样就可以同球员在沟通方面建立信任。

二、运动技能评估

显然，球员必须知道运动所要求的技术能力，他们必须知道比赛时在战术情况下如何运用这些技能。但是必须记住，基本的身体技能有助于战术能力的运用，因此它们必须被有意识地纳入球员的训练计划中。此外，一些非身体技能(如心智能力、沟通能力和性格训练)也涵盖在运动当中，影响其发展。

(一) 评估身体技能

排球的基本物理身体技能是力量、核心力量、速度、敏捷性、爆发力和灵活性。当球员专注于整体提高时，针对这六个身体技能的培训和评估在休赛季和季前赛时期尤为重要。然而，赛季期的评估同样重要，它可以确保球员休赛季的积累，尤其是在强度上不会恶化，因为球员和教练都投入了大量的时间和精力到特定的比赛计划的准备和训练中。

测试应该一年至少有三次：一次在排球赛季开始之前，用来衡量球员在本赛季的准备并提供一个初始或基本分数；一次在本赛季结束后，用来测量比赛中身体技能状态的保持；还有一次在休赛季，用来评估球员在休赛季计划中的进步和提升。你需要不断地评估球员在整个赛季的情况来做所需的轻微调整。

当然，训练可以积极地影响几项技能。例如，改善腿部的力量性和灵活性几乎肯定会提高速度。此外，没有具体的训练计划可以确保每一个球员在六个技能领域都有收获。因此，展示给球员他们正在提升的地方及需要持续重点投入的训练项目，这些领域的测量结果是至关重要的。

1．力量

力量测试可以做到安全、有效地使用各种方法。球员受伤的风险最小是因为他不在重量房间里举重最大负载。适当热身之后，球员执行三步立定跳远测试来评估下肢力量。球员站在一条线外，有一个卷尺伸在前面，连续三个快速大步跳之后双脚齐落。记录所跳的总距离，再重复测试。三次测试后取平均得分的结果，或取最好的测试结果用作得分。

测试上身力量，球员可以使用双手过胸投掷篮球。球员站在一条线外，沿着面前伸出在地板上的卷尺，尽可能远地通过胸前投掷篮球。确保有人站在卷尺的旁边看到或标注篮球落地的位置，从而可以得到一个精确的测量结果。球员应该重复投三次。然后，你可以取得分的平均结果，或者可以使用最好的一次测试结果。球员也可以做一分钟俯卧撑测试(完整的全身俯卧撑)。每个球员在 1 min 内完成尽可能多的(正确的动作)俯卧撑。可以做两次或三次测试，中间有休息时间。同样的评分方式适用。

球员将会开始感激良好的整体力量训练，因为他们变得更强壮并发现他们可以更好地控制自己的身体。当他们进行这项快节奏的运动时，他们将能够移动得更快、跳得更高、更好地控制他们的能力。他们能保持他们的注意力，坚持比赛长达数小时之久。

2．核心力量

像众所周知的关系链一样，它的强度取决于最薄弱的环节，因此身体的核心将最终决定一个球员可以把他的力量、速度和敏捷性结合起来，并使之成功地体现在排球场上。核心是指身体的上腹部——腹肌、腰背部的肌肉和臀腰部的肌肉——连接的上身力量和下肢力量的功能发挥。核心力量对排球至关重要，尤其是有几个技能是需要球员在空中完成的，但它是很难被单独拿出来测试的。核心力量的测试是让球员膝盖弯曲做 1 min 仰卧起坐。确保手臂交叉在胸前拉着脖子的后面。依然是进行 1～3 次测试，中间有休息时间，取平均得分的结果或使用最好的测试作为得分。

排球运动员的核心力量也必须具有强大的爆发力——在发球、扣球和拦网时能结合强度、力量和速度。因此，每一项排球体能训练计划必须包括巩固和发展核心力量的练习。这个训练项目不光包括仰卧起坐和卷腹运动，它们是很重要的，但不够发展全面的真正的核心力量。排球运动员的训练必须包含主动性练习如弓步走、提腿跳、跳蹲，以此来重点发展核心力量。其他如加重实心球、稳定球和阻力带的练习也可以被纳入训练计划。

3．速度

排球速度测试可以通过在球场上往返冲刺跑(30 ft 或 9 m)三次，记录时间。用来测试的球场大小应尽可能接近比赛情况。球员从边线的位置开始。当球员开始冲向相反的边线时启动秒表。球员到达后停下来用一只手触摸边线，转身跑回开始的边线触摸边线，然后跑回另一边线，通过它时停止秒表运行。这样的往返跑在球场上进行三次。球员将完成两次或三次测试，取用最好的成绩。

尽管排球场的面积相对于其他体育场是比较小的，但这项运动的关键之一是球员要能在球场上达到最大速度。球员需要跑动传球，迅速移动去发球，或快速移动去拦网或扣球。球员可以花大量的时间在其他领域训练，但他们需要知道，作为整体，排球运动员的成功将取决于他们如何快速地将自己的身体从 *A* 点移动到 *B* 点。

4．敏捷性

敏捷性对于大多数运动是很重要的。它被认为是一种快速的身体运动方向的改变，通常基于一种对各种来球的反应。排球要求运动员在狭小的空间内迅速改变方向，使用高质量的移动步法进入正确的位置来接球、不规则地传球、扣球、布置拦网、阻止对方的攻击或防起对方的扣球。敏捷性和步法属于身体技能，必须加以训练和测量。有一个简单的排球敏捷性测试叫作 T 形检测。在一条直线上每隔 15 ft 设置三个锥(4.6 m)，从中间锥往下 10 ft(3 m)放置第四个锥形成 T 形。对于排球运动员而言，这基本上意味着每条边线上有一个锥，一个锥在中间，一个锥在底线。球员从 T 形底部或底线的锥后面出发。教练给信号开始并启动秒表。球员向前跑向中间锥，接触到锥，侧移到左边锥(总是面对网)，用左手触摸锥，再向右侧移到右边的远锥，用右手触摸锥。然后球员侧移回中间锥，触摸它，回跑到 T 形的底部，触摸底锥，停止秒表。这个测试测量球员的敏捷度，包括稳定重心、迅速变向并保持运动身体时较低的重心位置，这些技巧在本书里将经常被提到。

在很多情况下对排球运动而言，球员必须能保持一个平衡的体位，且能够在球场上迅速改变方向。后排防守球员需要做好准备去救球，常常是球击中了拦网者的手就触网变向了，而原方向球员本来已卡好位。

5．爆发力

爆发力是排球所需的另一个主要身体技能。这里的重点是关注下半身的爆发力，它帮助球员在进攻和防守时、追传一个坏球时或迅速救球时都能够跳得很高。有两个最简单和最好的爆发力测试，分别是立定跳远和垂直跳。安排这两个测试时需要球员固定在一个位置上，以便测量到无助跑条件下的最大限度纯爆发力。允许球员进行几次测试，使用最好的一次作为记录分数。

在做垂直跳时，垂直放置一个卷尺在墙上。球员站在他身边的墙壁旁，双脚平放在地上，手往前伸直时可摸到墙，以指尖碰到的点作为标记或记录，这叫作站立高度。然后球员站离墙略微有点距离，尽可能高地从起点垂直跳，使用手臂和双腿的力量将身体向上升，球员努力上跳达到最高点触摸墙，这叫作跳跃高度。站立高度和跳跃高度之间的距离就是垂直跳的分数。跳三次选最好的一次来记录。韦尔特克测量仪是一款很好的测量设备，用它来测量垂直跳非常准确。

在排球运动创立之初就设定了一定高度的网高，至关重要的是，球员使用腿的力量从地板上提升他们的身体，这样他们就可以在更高的接触点扣球，从而增加了把球扣进对方场地的击球成功率。能够跳得高并把手伸过网阻止对手扣球过网也是一项必备的技能。

6. 灵活性

灵活性是最易被忽视的身体技能，但其实是最重要的技能之一。增加灵活性将帮助球员提高几乎所有其他身体技能的施展水平。

尽管排球运动员大多靠他们的脚，但是他们也经常需要扩展他们的身体去救一个球或处理不规则的球。良好的灵活性可以防止球员持续受伤，如腹股沟拉伤或腿筋肌肉拉伤，保护他们的关节不受更严重的伤害。

(二) 评估非身体技能

运动性能不是纯粹生理性的，也会受到其他一些因素的影响。你必须承认并强调心智能力、沟通能力和性格训练，它们能使球员发挥最高的运动机制。

1. 心智能力

排球是一项需要快速移动的运动，需要球员努力和聪明地去打球；球员为实现运动目标需要保持对技术的专注，需要了解对手的优势和劣势；当对手的势头上升时能与队友一起保持积极的态度；并且能专注于下一个球而不是想着刚刚发生了什么事。

然而，对于排球运动员而言，最重要的成功要素是心智能力，能阅读比赛和掌握赛况，能在合适的时机运用适合的技能。他们必须努力对待每一分，持续留意发挥得好与不好的地方。球员必须准备好适应他们的对手，了解对手在做什么样的进攻和防守。技术技能能够流畅地发挥，需要掌握排球运动的知识、规则，并且需要球员们作为一个团队能专注于发现一些细微的变化同时保持镇定。“心理韧性”这个词可能是最好和最简单的表达，用来描述程度和决心，指在漫长的排球比赛中能有效执行适当的技术战术能力。

2．沟通能力

排球也需要不同程度的沟通能力，球员之间在球场上、教练和球员们训练和比赛中都需要沟通。作为一个教练，在比赛暂停期间和局间，你必须传达比赛计划和策略的调整。因此对排球而言沟通能力是必不可少的，你应该花大量的时间协调沟通体系，因为它属于进攻和防御系统在球场上的弥补，并可用来解决各种突发问题。

3．性格训练

性格训练能帮助塑造团队表现。在排球这项运动中，当队长发出指令时、比分来回变化时、球员们在比赛中相互替补时，对性格都是有需要(要求)的，良好的性格是球员突破困难的关键。

作为一项世界性的体育项目，排球普及迅速且逐渐融入当代大学体育教学中。而大学体育中的排球训练对学生身体素质及综合能力具有较高的要求。其不仅需要学生在训练中掌握相关的技术技能，同时还需要学生了解相关的理论知识。因此相关教师还应结合排球相关知识与技能不断创新出新的教学方法，以提高大学排球教学质量。

三、训练方式创新

(一) 心理训练，调节训练氛围

在传统的大学排球训练中，通常教师都是长期且持续性地组织学生进行同一种训练方式，没有考虑到学生经受这种长期、单一的训练会逐渐丧失对训练及对排球的兴趣，进而慢慢产生抵触厌烦心理。为改善这一情况，相关教师在对学生进行相关的排球训练的同时应注重对学生进行心理训练，积极调节训练的氛围，提升学生参与训练的积极性，进而提升训练的效果。

教师可以：①改变传统的训练方式。如适当采用间歇式训练，让学生在训练一段时间后进行适当的休息，在学生基本恢复后，组织学生进行一下场的训练。借助这样的方式刺激学生的机体，有助于提升学生的机体无氧代谢功能及心肺功能。教师具体可以：学生在排球技术训练一段时间后教师可以让学生休息 10 min，休息之后让学生进行 10 min 的慢跑训练，以此逐渐提升学生的耐力。②调节氛围。教师可以改变传统教师对学生进行的排球相关专项技能训练，而可以在专项训练的过程中添加一些锻炼学生速度、耐力等训练小游戏，如学生成队 pk 或是两两成组进行防守训练赛，对胜利方教师可以给予一些适当的特权，以此调节训练氛围，提升学生参与训练的积极性。

(二) 课件辅助，提升训练效果

在传统的大学体育排球训练中，教师多以“教师演示—学生学习—自主练习—学生反馈”的形式完成教学，没有为学生讲解相关的理论知识故导致不同层次的学生理解与学习效果不同。而随着近年来我国科技的迅速发展，信息化技术逐渐渗透于各个领域。故在现代大学排球训练中，教师可以结合教学内容与学生实际学情，借助多媒体课件辅助教学，以实现训练效果的提升。

在排球训练之前，教师可以结合教学大纲与班级学生实际学情，借助互联网、相关书籍资料等查阅下载相关的教学素材。通过严谨的整合与筛选将教学资料融入教学课件中，在训练之前借助课件辅助教学为学生上一节室内理论课。如教师可以将上一届优秀学生或教师进行排球训练的全过程用视频记录并添加到课件中，在课堂教学中为学生播放视频，让学生从视频中对训练过程及排球对决情况有进一步的了解。另外，教师可以借助多媒体课件为学生展示一些排球训练的方式，以图文并茂的方式为学生讲解这样训练的依据与好处，并借助声像结合的方式为学生演示训练方法。以直观、形象的方式将训练方法生动地呈现在学生面前，以加深学生对排球训练方法的认识与了解。

(三) 技能训练，创新训练方式

良好的技能在排球训练中是不可或缺的。但事实上不同学生身体素质不同，排球基础不同，理解认知与学习能力之间也存在明显差异。故针对这些差异，教师应组织不同学生进行不同方式、不同强度的训练。换言之，就是采用因材施教的方式进行训练。

教师在引导组织学生参与训练之前，首先应对班级学生身体素质、排球基础及学习能力等情况有一定的了解。然后，教师可以通过观察、分析将班级学生进行科学合理的分层。如将身体素质、排球基础及学习能力较强的学生分为A层，将身体素质、排球基础及学习能力一般的学生分为B层，其余学生分为C层(训练之前教师还应对班级学生的身体状况有一定的了解，及时发现班级中有没有身体有特殊情况的学生)。分好层之后教师可以为不同层次的学生制订不同的训练计划与训练要求，引导班级学生都能进行科学系统化的训练。另外，在训练中，教师应对班级学生给予相同的重视，要求全体学生掌握规范的基本动作，并在训练过程中对学生的训练情况进行观察与分析。同时教师可以对学生亲身示范，指导学生动作，逐渐提升学生的排球技能。

四、合作训练，提升训练热情

有人说排球精神是拼搏精神，但笔者认为排球精神不仅仅是拼搏精神，同时也是一种合作精神。因为术业有专攻，人体之间也存在明显差异，故不同学生在排球训练中所擅长技能不同，但唯有通力合作、积极配合、勇于拼搏才能像女排一样获得最终的成功。因此，在现代大学排球训练中，教师不仅要训练学生的技能，同时还应注重培养学生的合作精神，以促进学生训练热情的提升。

教师在训练过程中应注重班级学生之间的合作，培养学生之间的配合度与默契度，为学生提供良好的相处空间，并通过多样化的训练提升排球训练的趣味性及学生参与的热情，进而逐渐培养学生的合作意识与精神。如教师可以结合学生的实际学情，将能力相近的两名学生分为一组，引导组织两名学生两两对决，让学生在竞争中合作提升。另外，教师可以以 6 人为单位将学生进行科学合理的分组，尽量使各组能力相等。然后引导组织班级学生展开“排球淘汰赛”两两对决，教师作裁判，每次胜出的小组即为晋级，最终胜出的小组教师将给予适当的奖励。通过这样的形式为学生提高学生的参与兴趣和积极性。

第三节　教学方法创新

一、开展网络教学

(一) 体育网络课程的概念

什么是体育网络课程呢？至今，体育教育界并没有一个统一的概念。笔者认为，体育网络课程是学校根据一定社会对体育教育目的、要求，以教育技术和媒体手段为课程载体，结合体育网络教学设计思想而组成的，适合体育网络教学内容和教学活动的总和。它包含了体育网络教育目标、教学内容、教学活动乃至评价方法在内的广泛的概念。体育网络课程除了要考虑课程建设的一般要求外，还要考虑教育信息的传播方式发生改变而产生的教育理念、教育模式和教学方法等的诸多变化。在这里特别需要说明的三点是：第一，我们不能把体育网络课程看成是整个体育网络教学系统的代名词。第二，必须整合课程的教学内容与教学支撑的环境。第三，我们必须搞清体育网络课程是“软件课程”还是“课程软件”的问题。否则，我们无法界定体育网络课程的具体形态，容易造成实践中的技术至上和体育网络教学支持平台的低水平重复开发，也很难进行标准化的网络课程质量评价与管理。

要开发体育网络课程，就必须了解体育网络课程的特征，根据其特征选择最佳开发模式。那么，体育网络课程的特征是什么呢？这需要我们首先了解体育网络课件的特征。

(二) 体育网络课程的特征

1．体育网络课件的特征

(1) 运动动作图像化。受体育专业教学方式的影响，直观教学作为体育专业传授技艺和学习技能的重要手段之一越来越被重视。从 20 世纪 50 年代起，我国体育专业领域就有人把专业运动员在比赛或训练中的场面用电影摄像机拍下来，再放给运动员看，用以纠正运动员的动作。在体育网络课程资源开发的过程中，教师可以通过对运动数据的捕获、生理生化和心理数据的采集、图示化训练效果分析，提高体育网络课程资源的有效性及其质量。它的最大特点是能够稳定或慢速甚至重复显示动作的方向、位置、路线及身体各部分的相互关系，便于突出动作的关键部分，有利于观察和分析技术和战术。

(2) 图像动作仿真化。从运动技术这一视角来看，运动成绩要获得提高或者突破就必须在运动技术研究方法学上完成两个转变，即从传统的主要基于人眼观察到基于高精度运动捕捉与分析的人体运动技术测量方法的转变；从基于包含太多的感情色彩的经验方法到基于程序化的人体运动模拟与仿真的人体运动分析方法的转变。运动技术仿真是要通过虚拟现实技术(Virtual Reality Technology)再现学生的技术动作诸细微环节、教练员的训练意图及训练过程。运用虚拟现实技术，可以细化运动技能演示教学，如对同一姿势，学生就可以从不同的角度去观察动作要领。

(3) 动作仿真微格化。随着计算机辅助教学技术的进步，体育教学的一个重要内容是讲解技术动作的分解变化过程、与技术动作相关的步伐或姿势变化过程、集体项目战术配合中的队员位置及运动线路变化过程等。到了 20 世纪 80 年代中后期，由于摄像机的普及，在专业运动训练领域，采用微格教学近似的方法来纠正运动中的错误动作和技术的现象比较普遍。20 世纪 90 年代以后，在一些体育院系，就开始针对体育教育专业进行提高课堂教学技巧的微格教学活动。

2．体育网络课程特征的具体表现形式

(1) 技艺性。从当前人们对体育课程的学科性质与特征所持的基本共识可以知道，体育课程是通过身体活动进行教学和教育，是一门“技艺性”的学科。这就决

定了体育网络课程不同于一般文化课程的认知过程，是一种身体认知，也就是说，体育网络课程既要使学生掌握必要的体育理论知识，同时要通过多媒体课件演示体育运动动作，把教师很难示范清楚的技术环节用动画或影像采用慢动作、停镜、重放等方法表现出来，并给予必要的分析和讲解。例如，以球类(羽毛球)网络课程为例，制作羽毛球技术动作图。在授课之前，教师要让学生看懂并理解图中的动作，初步建立动作概念，学生通过看图并想象网前勾对角线技术动作，使头脑中的技术动作形象更加逼真。采用慢动作、停镜、重放等方法重复多次，使动作概念逐渐由模糊到清晰。当然，技艺性特征中也内涵了体育网络课程的目标、功能等方面。

(2) 动态性与非线性。动态性是指体育网络课程的学习内容是及时更新、可生长的。它可以不断吸收本学科领域最新的科技成果和前沿信息，保持鲜活的学习内容；也可以在教学过程中，通过教师和学生不断扩充新的内容。非线性是指体育网络课程的内容结构方式是非线性、超链接的，这是由Web本身的特性所决定的。非线性的信息表达方式有助于培养学生的联想式、发散式思维。

(3) 多维性与多元性。多维性是指体育网络课程内容表现形态的多维性。网络课程的内容可以通过文字、图形、图像、声音、动画和视频等多媒体形式来表现，可以二维模拟、三维仿真，还可以通过虚拟现实实现多维的教学信息传递。多元性是指体育网络课程具有多种文化特性，体现了多种不同文化的集合。一方面，由于体育网络课程的开放性和扩展性，通过Web实现跨地区、跨国界的网站链接，使得体育网络课程的内容构成上具有多种文化的成分；另一方面，在教学活动过程中，不同地区、不同国家和不同文化背景的人共同参与网络课程的学习、讨论、交流和协作，他们具有不同的思维方式和表达方式，使得教与学的过程中充满了不同文化的融合和碰撞，从而形成了多元文化的特性。

(4) 整合性。整合性是指体育网络课程体现了信息技术、信息资源、信息方法、人力资源、课程内容和现代教育思想的整合，是一种新型课程模式。

(三) 体育网络课程的目标

课程目标是课程开发的起点和归宿，它直接影响整个课程的设计、开发方向，决定着课程的实现与收效。明确体育网络课程的目标不仅可以兼顾课程教学内容的逻辑体系，而且可以兼顾教师的教与学生的学，兼顾课程的内容与社会的需求关系。我们以体育教学论网络课程为例，体育教学论网络课程的目标就是要结合体育学科本身的特点、教育目标、培养目标、学生特点及社会需求而制定。包括以下四个目标：①使学生掌握体育教学基本规律，指导其当下的专业学习及今后的体育教学实践工作；②使学生把握体育教学的基本要素，客观地认识体育教学本质，建立起宏观与微观、局部与整体、理论与实践对立统一的整体体育教学观；③使学生掌握体育教学方法，提高教学技能；④推动体育教学研究、完善体育教学理论。

作为一门理论课程，体育教学论网络课程的重点是理论部分的教学；作为一门“实践性”非常强的理论课程，体育教学论网络课程的教学又离不开体育实践。针对体育专业本科学生理论比较薄弱的难点，理论课教学要直观化、层次结构化、案例化；针对本科学生缺乏大量教学实践经验的难点，构建体育教学论的理论结合实践的校内平台，使学生的理论学习成果实现有效及时的迁移和运用，为此需要建立教师协作组织，将实践课程教师纳入进来，使专业教师首先掌握和随时运用“体育教学论”；针对学生了解一线教学实际不够的难点，我们建立学生课外理论结合实践的校外平台(如中小学实习基地)，布置课外实践观摩作业，提高理论结合实践的能力和水平。

(四) 体育网络课程开发一般原则

1．科学性原则

体育教学论网络课程开发是一个庞大的系统工程，它涉及面广，影响大，因此其科学性原则要求相当高。科学性原则在体育教学网络课程的开发过程中主要体现在两方面：一是体育教学论网络教学内容的科学性，二是体育教学论网络课程平台的科学性。

2．开放性、协作性与交互性并举原则

能让教师方便、及时地对课程的体系和内容进行调整和更新，首要的问题就

是实现其开放性。体育教学论网络课程的开放性必须从技术的层面和内容的层面进行开放。技术的开放要求其设计者留有必要的技术空间以备教学需求升级的需求；内容的开放要求教师调动多方面的积极性，充分利用教学资源对体育教学论网络课程不断充实、完善。在开放性的体育教学论网络课程体系中，协作性原则就显得尤为重要了。从网络课程开发的层面来讲，一个强大的网络课程体系，不可能依靠某一个教师来完成，它要求课程开发者协调工作，积极地参与到建设过程中；从学生学习的层面来讲，学生在学习过程中通过网络来支持学生与学生、学生与老师之间的协作，才能更好地协同完成学习任务。协作性观念提出的同时也对交互性提出了要求，教师通过交互可以使他们更全面、更及时地了解各个层次学生的学习情况，及时调控自己的课程教学；通过交互学生可以选用不同的路径、不同的方式进行自主学习，并及时地对学习结果做出反馈。开放的体育网络课程为体育网络课程体系搭建了一个平台，在这样一个平台中通过协同工作、多向互动，充分实现师生之间、学生之间和人机之间的信息交流，使体育课程教学成为一种多向的信息流动过程。三者的有机统一是体育教学论网络课程开发的根本要求。

3．可持续发展的原则

高校体育网络课程出现开发各自为战、教师盲目开发、学生用之寥寥、课程开发流于形式等不良现象，亟待我们本着可持续发展的战略思想，用科学的理论、发展的办法构建体育网络课程质量管理体系的学科规划，精心组织才能消除上述的不良现象，带动体育网络课程开发的进一步发展，最终实现体育网络教育的可持续发展。体育教学论网络课程的开发同样如此，必须本着可持续发展的原则，搭建现在的学习与未来的体育教学实践之间的桥梁。

(五) 体育网络课程开发的依据

1．体育教学设计论

体育教学论网络课程的开发，只有坚持体育教学设计论，才能有效地依照体育教学的原则，通过体育教学目标设计、教学策略设计、体育教学方法和手段的设计达到体育教学论网络课程教学的最优化。把体育教学设计论作为体育教学论网络课程的理论基础，其目的在于防止在开发过程中一味地追求网络教育的特性而忽视体育教育的特殊性。

2．建构主义学习理论

建构主义学习理论认为，学习者应在一定的情境中获得知识，以“学”为中心进行学习环境设计。体育教学论网络课程的开发正是基于建构主义理论而开发和实施的。因此，它要求教师在依据建构主义学习理论进行课程开发与实施的时候，强调和注重情境、问题、学习资源、协作、互动、交流和引导等支持自主学习的教学策略的设计，设计多元而又富有个性的学习内容和学习方式，给学生提供一个自主学习的环境，让学习者借助资源、交互和协作等外界帮助，通过自己的经验解释和情境关联使自己的学习适应一个特定情境的实际。

具体到体育网络课程教学中，建构主义学习理论对体育网络课程教学策略起到不可低估的作用。以体操教学为例，情境设计：体操项目多、内容丰富、可利用的器械多，而且可以采用不同的辅助练习手段，便于设计情境。独立探索：在体操教学中并不是直接告诉学生该动作应该怎样做、技术要领是什么，而应该先让学生根据自己现有的知识、技能和掌握的信息去独立探索，老师在这个过程中要注意引导。协作学习：体操练习必须采用保护与帮助，通过这一手段不仅能进一步提高学生对动作技术的理解，同时也加强了学生之间的协作精神和团结友爱、共同提高的氛围。会话交流：体操动作技术细腻，技术环节多，容易出现技术上的不同错误，教学中的会话交流能有效地敦促学生运用现有的知识和技能开动脑筋，便于教师引导和学生讨论交流。意义建构：体操课的意义建构就是我们的体操教学目标建构主义模式中的情境设计，教学策略都是为它服务的多样化、兴趣化的建构主义教学策略，又易于体操教学的目标达成。因此，采用建构主义教学模式能有效地展现其模式中的情境、协作、会话和意义建构这四大属性。

3．人本主义学习理论

以卡尔·罗杰斯为代表的人本主义学习理论认为，学习不是刺激与反应间的机械联结，而是个人潜能的充分发展，是自我的发展，是一个有意义的心理过程。学习是以个体的积极参与与投入为特征，在自我实现的倾向中产生的一种学习，学习者可以自由地去实现自己的潜能，求得自己更充分的发展。因此，体育教学论网络课程开发在坚持建构主义学习理论的同时也必须注意到人本主义学习理论对体育教学论网络课程的影响，重视以学生为中心，重视创设真实的问题情境和协作学习模式，注重以培养学生主动学习、创造性学习为导向，调动学生主动参与学习过程，让学生充分获得自己想要的体育知识，实现自己的潜能。

(六) 体育网络课程的开发流程

网络课程开发大体分为教师课题组模式和商业公司制作两种模式。前者只注重了从教学设计上开发网络课程而忽略了网络课程的开发，也必须把软件工程设计思想贯穿于整个网络课程开发，导致了网络课程的开放性、协作性与交互性能力不强；后者只注重教材、教案的网上“搬家”，缺乏对先进的教学设计思想、有效教学内容的组织及丰富教学活动的实现。考虑到这两种模式的局限性，以及体育网络课程要实现远程教学的特点，结合教育部高等教育司颁布的《现代远程教育资源建设技术规范》中关于现代远程教育资源系统体系结构图，本书对体育教学论网络课程开发流程提出一种既考虑软件工程设计思想，又考虑体育教学设计原则及教学支撑环境的开发模式（见图 5-1）。

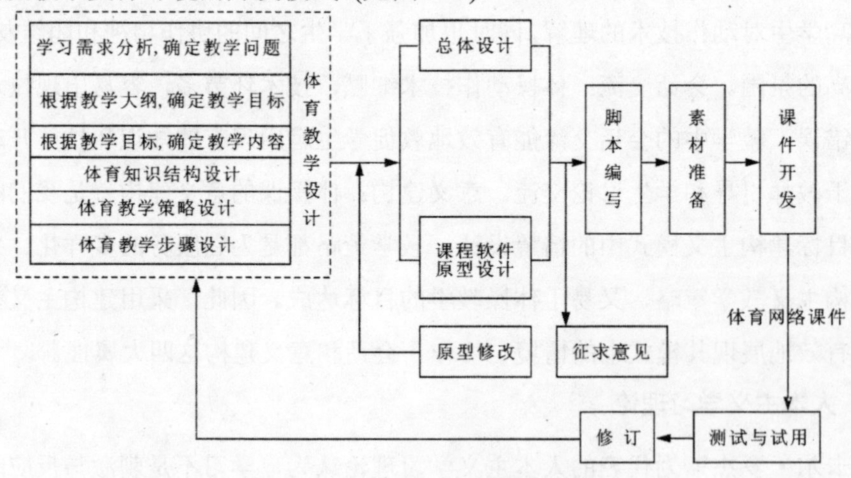

图 5-1　体育网络课程开发流程

从开发流程中可以看出，在开发过程中运用模块化的设计思想将体育教学论网络课程建设的各个部分进行划分，形成了一个稳定的开发过程和框架结构。

二、因材施教的教学理念

(一) 运动兴趣

1. 兴趣与体育兴趣

(1) 兴趣。兴趣是人认识某种事物或从事某种活动的心理倾向，它是以认识和探索外界事物的需要为基础的，是推动人认识事物、探索真理的重要动机。兴趣包括人的爱好，但当人的兴趣不只是指向对某种对象的认知，而是指向某种活动的时候，人的兴趣便成为人的爱好了。兴趣和爱好都和人的积极情感相联系，培养良好的兴趣和爱好是推动人努力学习、积极工作的有效途径。

著名知觉学家吉布森(Gibson)曾经指出：早期婴儿由知觉和注意指引的行为在没有任何学习的情况下就可以产生。人类婴儿在出生后就显示出了对外界物理性刺激或社会性刺激的反应倾向，因而它一方面被认为是动物的感情性唤醒状态在人类身上的延续(兴趣被认为是由低等动物的趋避行为逐渐内化成一种脑的状态)，另一方面被认为是人类兴趣和好奇心的内在来源。

人格心理学家阿尔波特(Allport)认为人类有一种“自主性功能”，就是兴趣，兴趣是感情状态，而且处于动机的最深水平，它可以驱策人去行动。早期婴儿对外界新异刺激的反应就是由兴趣这种内在动机驱策的身体运动兴趣，从婴儿出生就以机体的功能表现出来，婴儿的看、听、发出声音和动作都是兴趣情绪所激起和指导着的；兴趣还支持着感觉与运动之间的协调和运动技能的发展，为生长和发育打下基础；缺乏兴趣这类感情性唤醒会导致严重的智力迟钝或冷漠无情。

赫尔巴特对于兴趣的心理状态做过分析。他认为在兴趣状态不可以产生两种心理活动，一种是“专心”，是一种“集中于任何主题或对象而排斥其他思想”的心理活动；另一种是“审思”，是关于“追忆与调和意识内容”，即协调、同化新旧观念的一种统觉活动，他认为只有通过审思活动，把那些被专心活动所接受的新观念与儿童原有的观念调和起来，才能保证儿童意识的统一性，因此，审思活动应当在专心活动后进行。专心活动和审思活动的交替进行，就构成了所谓的“精神呼吸活动”。他认为：“人必须有许多这种无数的变迁，然后一个人才有丰富的审思活动，并有能力完全随自己的意思进入每一种专心活动，如此才称为多方面的。”

(2) 体育兴趣。体育兴趣是人们积极认识和优先从事体育活动的心理倾向。它是与参与体育活动的需要相联系的意向活动，一个人如果对体育活动感兴趣，就会积极参加，全力投入，活动的结果将是需要的满足并由此得到积极的情绪体验。因此体育兴趣是体育参与的基本动力之一，它影响着人们体育参与的具体活动方向和强度。

2．体育兴趣的作用

(1) 指向作用。体育兴趣是人在体育活动方面的个性倾向性的体现，每个人在体育兴趣方面都可能有差异。同时，体育兴趣又是人们心理和行为上对体育活动的趋近倾向。它使人可能从多种活动中做出选择，选择他所喜欢的体育活动内容或形式，并且乐此不疲。但是，不同年龄学生的体育兴趣可能发生变化或分化，而使兴趣的指向性越来越明确而趋于稳定，甚至逐渐形成对某个项目的中心兴趣。更值得注意的是，这种指向作用会因活动结果的积极强化而不断得到加强，从而表现出体育兴趣的动力性和体育参与的延续性。有人(徐和庆，1998 年)将我国 15 座城市各类大专院校毕业的两届毕业生 924 人(男 454 人，女 470 人)作为研究对象，用问卷调查法来确认体育兴趣的延续性。将体育活动归纳为三类：娱乐型、健身健美型和竞技型。研究结果表明，中学、大学和学校后三个阶段在三类体育活动的兴趣上显示了高度的一致性。其中，对健身健美活动的兴趣呈增加趋势；对娱乐型活动感兴趣的人，无论在校时还是学校后都超过另两类，并有很高的一致性。924 名被试者体育兴趣与运动实践的相关分析结果表明，体育兴趣对运动参与有长期明显的定向作用，对促进终身体育的实现有积极的影响。

(2) 强化作用。兴趣是最好的老师。对某项体育活动感兴趣，可以促使人们对此倾注更多的时间和精力，产生持久的注意，并能保持清晰的感知、周密的思维、牢固的记忆和丰富的想象。体育活动要求人们付出较多的体力，比较容易产生疲劳和厌倦。但是，如果对活动本身感兴趣，就会精神饱满、积极热情地投入，刻苦学习，努力进取。实验表明：中学女生多数不喜欢长跑，但改成音乐伴奏下的跑跳步练习，在生理负荷相同的情况下仍然情绪振奋不感疲劳，课堂气氛活跃，教学效果得到很大的提高。

3．体育兴趣的培养

爱因斯坦说过："兴趣是最好的老师"。教师是影响学生学习兴趣的众多因素中最为重要的因素。因此教师在教学中要有意识地去探索和研究学生的兴趣和动机，只有了解影响学生学习兴趣的因素，才能有的放矢地采取相应的方法和措施教学，并应着重培养学生树立正确的体育学习动机，运用多种教法激发学习兴趣。培养和激发学生的兴趣是教育工作的一项重要任务，要培养和激发学生的兴趣，可采取以下措施。

(1) 教育学生树立正确的体育观。部分学生不喜欢上体育课，主要是由于这部分学生对体育课的认识不足，体育意识较弱，认为体育课又苦又累，还担心影响文化课的学习。对此，教师首先要严格要求，辅之关心，其次应大力宣传体育的价值，端正学生学习体育的态度，提高学生的体育意识，并在教学中使每个学生都有成功的体验，使他们明白在体育课中受点"苦"和"累"是值得的，从而激发他们学习体育的兴趣。

(2) 加强目的性教育，启发学生体育学习的需要。了解体育活动的结果，易于形成间接兴趣，从而把学生的兴趣长期保持在既定的活动上。因此，在体育教育教学中，教师应加强学习目的性教育，帮助学生认识体育学习的社会意义，把自己的体育学习与远大的理想联系起来，从而提高其学习的主动性和积极性。

(3) 设置适宜的学习目标，使学生产生学习的成就感。研究证明，过去经历过并获得成功体验的事物容易引起人们的兴趣。任何一件事，只要获得成功都能产生满足感并伴随愉悦的情绪体验，继而使人更关心这类事物，产生进一步从事某种活动的愿望。相反，失败的结果使人产生不快的情绪体验，从而丧失活动兴趣。因此教师应帮助学生确立力所能及的体育目标，使其经常产生成就感，并利用各种机会给予承认，增强其活动的信心。

(4) 充分运用体育学科优势，激发学生的兴趣。每门学科的知识都有自己特定的范围，也有自己独特的学科特点。学生对某学科的兴趣往往是由该学科的特殊趣味引起的。因此教师除了不断地对学生进行学习目的性教育外，更应注意充分发挥本学科的特点和优势，以激发学生的兴趣。

(5) 利用教学内容和方法的新颖性激发学生的兴趣。教学内容和方法是影响学生学习兴趣的重要因素，教学内容难度过大或过于简单、教学方法单调等都难于引起学生的兴趣，很难把精力投入到学习活动中去。只有根据学生原有的知识水平充实新的内容，采取灵活多样的教学方式，才能引起学生的好奇心，激发其求知欲。因此，教师在教学中要深入了解学生，根据学生的特点精选教学内容和方法，利用学生易于接受的形式，使其在愉快的气氛中掌握知识。

(6) 启发学生自觉培养学习兴趣。学生是学习的主体，外界的环境和教育只有通过个人的自我教育才能发挥作用。如果只有教师的积极活动，没有学生的积极配合，就难以完成教学任务。因此，教师应积极创造条件，激发学生自我教育的积极性，使其“学会学习”，从而发展其兴趣，完善其个性。

(二) 个性理论与学习

1. 卡特尔的16人格特征——人才选拔、就业指导及心理咨询

20世纪40年代，美国心理学家雷蒙德·卡特尔(Raymond Cattel)经过长期的研究和大量的量化分析，编制了16种个性因素问卷。该问卷被认为是最典型的个性因素分析问卷，在临床、工商业、政府及教育部门有着广泛的应用，特别是在人才选拔、就业指导及心理咨询等方面具有较高的使用价值。

卡特尔认为，人的个性是由许多特性构成的，由于各种特性在一个人身上的不同组合，构成了不同于他人的独特个性。卡特尔又用低分特征和高分特征的两极性形容词组来形容这16种个性特征(见表5-1)。

表5-1　卡特尔的16人格特征[①]

特质名称	低分特征	高分特征
乐群性	缄默、孤独	乐群、外向

① 傅永刚，陈树文．组织行为学[M]．北京：清华大学出版社，2010：65．

续表

特质名称	低分特征	高分特征
聪慧性	迟钝、学识浅薄	智慧、富有才识
稳定性	情绪激动	情绪稳定
恃强性	谦虚、顺从	好强、固执
兴奋性	严肃、谨慎	轻松、兴奋
有恒性	权宜、敷衍	有恒、负责
敢为性	畏缩、退却	冒险、敢为
敏感性	理智、注重实际	敏感、感情用事
怀疑性	信赖、随和	怀疑、刚愎
幻想性	现实、合乎成规	幻想、狂放不羁
世故性	坦白直率、天真	精明能干、世故
忧虑性	安详沉着、有自信心	忧虑抑郁、烦恼多端
保守性	保守、服从传统	自由、批评、激进
独立性	依赖、随群附众	自主、当机立断
控制性	矛盾冲突、不明大体	知己知彼、自律严谨
紧张性	心平气和	紧张困扰

2．阿吉里斯不成熟-成熟理论——提升员工成熟度，营造良好工作氛围

个性处于不断成长的过程中，在组织中担任着不同的角色。组织的价值观、行为方式规范着员工的行为方式，影响着员工的成长和成熟。

美国行为学家克里斯·阿吉里斯的“不成熟-成熟”理论影响最为深远。该理论认为，在人的个性发展方面有一个过程，就是从不成熟到成熟，最后发展成为一个健康的个性。人的个性发展过程一般要经过以下 7 种变化(见表 5-2)。

表 5-2 阿吉里斯不成熟-成熟理论

不成熟的特点	成熟的特点
被动性	能动性
依赖性	独立性
办起事来方法少	办起事来方法多
兴趣淡漠	兴趣浓厚
目光短浅	目光长远
从属的职位	显要的职位
缺乏自知之明	有自知之明，能自我控制

阿吉里斯主张有效的管理者应该帮助员工从不成熟状态转变到成熟状态，如果一个组织不为其员工提供使他们成熟起来的机会，那么员工就会变得忧虑、沮丧和无创造性，并且有可能会以违背组织目标的方式行事。

在管理实践中，管理者应该营造不断提升员工成熟度的工作氛围。要做好以下几个方面的工作：重视员工教育和培训，因为一个人从不成熟到成熟，决定因素是知识和经验；实行参与式的以员工为中心的领导方式，让员工充分施展个人才能；加强员工的责任感，激发责任心和创造性。

3．霍兰德个性类型与职业环境相匹配理论——根据个性合理配置人员

管理者在人员招聘和职务配置上，要全面了解和掌握员工的个性，明确员工的优势和劣势。做到人尽其才，才尽其用，能职匹配，即个性和职业的相互适应问题。在这方面，20 世纪 60 年代，美国职业心理学家约翰·L．霍兰德(John L．Holland)收集了大量的资料，获得了从事不同职业的人的典型个性模式，建立了一种个性类型与职业环境相匹配的理论。他指出，员工对工作的满意度和流动的倾向性，取决于个体个性与职业环境的匹配程度，见表 5-3。

表 5 3　霍兰德个性类型与职业环境相匹配理论

个性类型	个性特点	职业范例
现实型(R)	喜欢需要技能、力量、协调性的体力活动；害羞、真诚、持久、稳定、顺从	机械制造、建筑、渔业、野外作业、实验员、技师、工程安装
研究型(I)	喜欢思考、组织和理解的活动；思考、独立、好奇、创造	经济学家、数学家、化学家、新闻记者
社会型(S)	喜欢帮助和提高别人的活动；友好、合作、善解人意	教师、心理学家、职业指导师、社会工作者、服务行业
传统型(C)	喜欢规范、有序、清楚明确的活动；保守、高效、实际、自控、缺乏灵活性	银行审计员、会计、图书馆管理员、统计员、计算机操作员、业务经理
企业型(E)	喜欢能够影响他人和获得权力的活动；自信、进取、精力充沛、盛气凌人	法官、推销员、社会活动家、政治家、小企业主、经纪人
艺术型(A)	喜欢创造性表达的模糊且无规则可循的活动；富有想象力、无序、理想、情绪化	画家、音乐家、诗人、导演、剧作家、室内装饰、广告设计

霍兰德所划分的六大类型，并非是并列的而是有着明晰边界的。他编制了一个职业倾向测量表，其中包括160个职业项目，让测试者回答是否喜欢这些职业，然后以此数据为基础，以六边形标示出六大职业类型的关系图(见图5-2)。

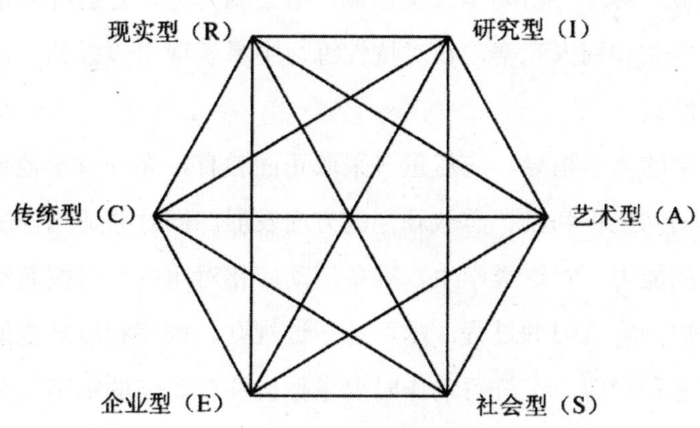

图5-2　职业类型关系

这一理论的关键在于：①不同的个体在个性方面存在着本质差异；②不同的工作对个性有着不同的要求；③当工作环境与个性类型相匹配时，会产生更高的工作满意感和更低的离职率。根据霍兰德的个性类型理论，在职业决策中最理想的是个体能够找到与个性类型重合的职业环境，这样容易得到乐趣和内在满足，最有可能充分发挥自己的才能。因此，在职业选拔与职业指导中，首先就要通过一定的测评手段与方法来确定个性类型，然后寻找到与之相匹配的职业类型。

三、分类型对待的教学策略

在体育教学中要做到因材施教，不仅要考虑学生身体发展的特点，还要考虑学生的气质差异。因为气质是人的心理活动的稳定的动力性特征，这些特征主要表现在心理过程的强弱、变化的快慢、稳定性及指向性上。在体育教学中不同气质学生对相同的教材、教法，具有不同的反应。根据心理学上不同的气质类型，体育教学中要正确对待学生的气质差异，充分利用其积极的因素，克服其消极因素。

(一) 对待胆汁质学生的体育教学策略

胆汁质又称兴奋型，这一类学生大多表现为学习精力旺盛，反应迅速，动作技能掌握得较快，具有较强的完成动作的能力，能承担较大而集中的运动量，但不注意动作细节；对练习新动作表现积极，但自制力差，容易冲动地去做力所不能及的动作；喜欢和别人竞赛，在对抗性练习中易表现出较强的攻击性，容易与同学发生不良冲突。

对这类学生的教学指导，应尽量多采取正面教育，充分肯定他们积极热情的优点，引导他们向生机勃勃、勇敢顽强的方面发展。同时要适当控制他们的兴奋性，培养其自制能力。对这类学生，准备活动应相对短些，讲授新动作时以完整教法为主或缩短分解练习的过程。尽可能通过规则、程序和较严格的教材培养他们的耐心、沉着和稳健。在练习动作时要求他们注意动作的细节部分，提高动作的规格化，并要求其以友好的态度对待他人，培养自我控制能力。在安排对抗性练习时，应尽量避免两个胆汁质类型的学生在一起。同时，还要注意安全教育，培养保护和自我保护能力，克服盲目情绪产生。

(二) 对待多血质学生的体育教学策略

多血质又称活泼型，这类学生的动作反应迅速，灵活性高，接受和模仿能力强，动作技能的掌握较快。但缺乏毅力，往往要求较快地掌握动作，一旦基本掌握就容易满足。在学习中容易只追求做出动作，而不注意动作的细节；学习的情绪容易激发，但注意力转移快，情绪不易稳定；对难度大的动作有浓厚的兴趣，喜欢自己琢磨，但不愿学习较简单的动作。

对这类学生，应该教育其明确学习目的，培养认真钻研的学习精神。在学习动作开始时，对他们不要过多地具体指导，只需讲清动作要领让他们自己钻研。要选择多种教学内容和灵活的教法。可多采用一些示范法，以适应其模仿能力强的特点。在动作掌握到一定程度时，应对其提出更高的要求，必要时可以增加新的动作技能，要防止凭兴趣学习。要多安排一些活动机会，在一种学习内容上练习时间不宜太长。在完成动作后，教师要启发他们积极地思考，找出动作中的不足之处。

(三) 对待粘液质学生的体育教学策略

粘液质又称安静型，这类学生踏实且耐力强，情绪较稳定，不易外露，但动作的灵活性不高，动作迟缓；学习有惰性，缺乏主动性；注意力较集中，且不易转移；对有难度的动作常常出现畏惧情绪，有时回避练习；对所学的动作一旦产生了兴趣，则能表现出较强的积极性，并能坚持较久，但掌握动作速度较慢。

对待这类学生，应当帮助他们树立学习的信心，启发他们积极思维，踊跃参加练习活动。这类学生准备活动时间要长一些，在学习初期要给予其具体细致的指导，要多采用分解教学法。在动作初步学会后，以自觉练习为主。可经常指导一些快速动作或灵活性要求高的动作，以及采用游戏法、竞赛法来提高他们的兴奋程度。

(四) 对待抑郁质学生的体育教学策略

抑郁质又称抑郁型，这类学生学习认真细致，善于观察，动作细致，情感体验深刻，但学习动作反应迟钝，灵活性差，学习信心不足，缺乏主动性，不会主动请求教师和同学的帮助和指导，常常出现“站课”“混课”等不良现象，掌握动作的速度较慢。

对待这类学生，应当鼓励和培养其勇敢、大胆和果断的大无畏精神。教师应主动接近他们，特别是在学习新动作时要对他们做耐心的指导，多采用正误对比的示范方法，引导其建立正确的运动表象。采用连续变换的练习方法，提高学习积极性。必要时可适当降低要求或放慢学习速度。对于微小的进步，教师应及时给予肯定，帮助他们树立学习的信心，让其独立进行练习。指导他们多参加一些灵活性较强的活动，并选择不同的标准使每个人都能够获得成功，即使出现失误也不要过于指责，更不要让学生进行错误示范。

四、根据学生的体育能力差异来教学

体育能力是指在掌握一定的体育知识、动作技能的前提下所获得的从事运动的稳定的个性心理特征，也是从事体育运动的最基本的心理条件，是取得和提高体育活动效果的决定条件。学生的体育能力可以概括为体育认识能力、身体运动能力、自我锻炼与评价的能力、自我调节的能力。

上述 4 个要素在不同学生的身上就形成不同的结构，由于结构的不同，就形成了体育能力的差异。只有把握了学生体育能力上的差异，才能做到因材施教。根据体育能力的差异大致可以将学生分为以下 3 种类型。

（1）体育特长生：这类学生 4 个要素基本上已经形成最优化结构，具有较高的体育能力，主要表现为体育知识和技能达到熟练化、系统化和结构化，并能灵活运用；自我锻炼积极，具有自我评价和自我完善的能力；掌握技能既快又好，思维敏捷。这类学生学习体育比较自觉，但仍需要体育教师按其特长进行指导，使他们在原有的基础上进一步提高。可以在教学之外安排一些难度较大的动作技能，以激发他们的求知欲望，使其觉得每一次课后都有收获，也可以要求他们每人负责帮助一名基础差的同学，培养他们分析动作、概括动作要领和纠正错误动作的能力。

（2）体育困难生：这类学生明显跟不上学习进度，完成体育学习任务感到困难。他们的体育能力处于劣化结构状态。造成这种状况的原因包括：①身体素质差；②体育基础差；③学习态度欠认真；④缺乏自信心；⑤智力水平低等。对于体育困难生，首先应当提高他们的自信心，对于经过他们努力取得的每一点进步都应给予及时的肯定和表扬，使他们对学习新技能产生信心，消除紧张心理。其次可以由学习好的同学对他们进行专门辅导，或由教师加强对他们的指导。再次要消除其他人对他们的轻视，提高他们在集体中的地位。

（3）体育能力一般的学生：这类学生基本能完成教师要求和布置的基本学习任务，但学无余力，学无特长，学习效率低。其中有的学生在体育能力四个要素的某个方面存在着严重的缺点，例如，学习态度认真，但身体运动能力差，锻炼方法死板等。对于这类学生，应针对其主要存在的问题加强指导。

根据不同学生的类别进行有差异的教学，这是在教学中必须始终坚持的一项基本要求。同时，要根据学生的体育能力差异照顾学生的学习差异。在一个班级中要照顾学生的学习差异有以下几条基本途径：①同教材、同要求、异进度；②同教材、同进度、异要求、③异教材、异进度、异要求。同一个班级学生采用不同教材，学习不同内容，这对于我国班额比较大的情况显然是行不通的。经实践表明，同教材，同进度，异要求是在班级教学中照顾差异的明智的教学策略。

五、多样化的教学组织形式

由于各个学校的学生在身体素质和主观学习意识的努力程度上的不同，决定了一个班级的学生体育知识、技能和技巧的学习存在明显的个性差异。这就要求教师应对各种不同的学生采取针对性的措施，实施有差异的分组、分层教学，对全体学生进行因材施教。这也是培养学生竞争意识，适应未来社会激烈竞争的需要。

(一) 个别指导

个别指导是体育教学组织的最基本的形式，它的教学优点是可以根据每个人的能力和特点进行不同的教学指导，发挥个人最大的潜能。

在技巧前滚翻教学中，有个别学生出现团身不紧的动作错误，教师“一对一”进行个别纠正，这种教学方法由于效率低，不适应教育普及的需要而被分组教学取代。但这种组织形式适合于教学过程中教师纠正个别学生在技术掌握方面存在的个性错误。

(二) 分组教学

分组教学是一个班分成若干小组，以组来进行指导。这种组织形式既保留了班级教学的长处，又在一定程度上解决了因材施教、区别对待的问题。这种教学的分组通常是按性别、体能、技术和兴趣等因素来进行的，每组指定小组长，起着“小教师”的作用，教学过程中学生之间虽有联系，但不密切。

1．性别分组教学

性别分组是根据男女生生理和心理差别进行的一种分组。它的优点是既考虑到学生男女之间生理和心理的差别，又考虑到教师个人特长的发挥。例如，中学选修课教学中，男生选修武术、足球等，女生选修健美操、艺术体操等。这种分组形式适合于教师数量和场地器材设备不足的学校，适合于高中、初中和小学高年级的教学。

2．体能分组教学

体能主要是指身体素质、运动能力。体能分组教学是根据学生不同的体能(好、中、坏)进行分组的教学。按体能分组针对性强，从体能角度考虑区别对待，又具有一定的灵活性。它可以是固定的，即每一节课或某个单元，始终按体能分组形式出现；同时又可以是临时的，可根据教材、课的类型随时进行分组。

如在耐久跑教学中，依体能分成数组教学；又如俯卧式跳高，复习课教学中按学生实际跳跃的高度递升，临时组成四个不同的高度的组别进行教学，这种分组教学既能使体能好的学生吃得饱、体能中等的学生吃得好、体能差的学生吃得了，又能充分利用学校的器材，适合于小学高年级和初中、高中教学。

3．技术分组教学

根据学生某一技术完成得好与差进行分组。技术分组可按临时、固定和晋升分组。临时分组是根据学生练习动作的好差决定的，固定分组是在临时分组的基础上进行的，只局限于某课时或某单元的教学，这种固定分组在一定的条件下，还可以进行晋升分组。

如在中学支撑跳跃——跳箱技术教学中，依学生掌握动作的情况分成甲、乙、丙三组，甲组以跳标准箱为主，乙组以跳过一定高度的山羊为主，丙组以做辅助性练习——助跑、踏跳动作为主。通过练习，乙、丙组完成动作较好的晋升到甲、乙组。

这种分组教学是从学生掌握动作的情况考虑区别对待的，具有灵活性、针对性和实效性。但它是在性别分组的基础上进行的，有一定的局限性。它适合于复习课的教学，但对技术要求不高的教材和提高身体素质的练习等不适用。

(三) 友伴群体教学

友伴群体教学是一种小群体的分组教学形式，教学中让学生自由结成“友伴群体”，按教师的要求创造性地进行锻炼，在互为裁判、互为教练和互相帮助的过程中使每个学生有发挥自己特长的机会，从而体验到获得成功的快乐。这种分组只有当学生之间关系协调和目标一致时，才能形成一个小群体。个体间感情交流，彼此激励，互相配合，互相帮助，齐心协力，共同提高，充分调动学习的积极性，体现学生间良好的人际关系，有利于培养学生自觉锻炼的习惯，使学生发挥内在的潜力。这种形式与教师主导型的班级教学和分组教学不同，它是把学生作为学习的主体，以促进其自主地、协同地学习为目的。它适合于各项教材的教学课，尤其适合于复习课的教学。

(四) 分层次教学

分层次教学是指在人的发展过程中，由于受遗传、家庭及社会环境因素的影响，学生在发展过程中存在着不同的生理、心理的个性差异，根据学生的认知能力和掌握能力，教师在安排课堂教学内容、教学手段和教学方法上应符合学生实际学习的可能性，分层教学，分层指导，分层评价，使每一个学生都能在原有基础上得到完善和提高。

第六章　排球教学材料分析

第一节　排球教材研究

一、我国排球教材的发展

我国体育院校排球教材从 1960 年至今，经历了 60 年的发展历程，在最初的体育学科的本科讲义《球类运动》上，依此出版了 1979 年版、1984 年版、1992 年版、1999 年版和 2009 年版的排球教材。我国体育院校排球理论知识经历了探索、求知及理论实践的过程，在社会的发展中不断调整完善，为我国排球工作者提供了学习的重要参考书目，具有较高的理论参考价值。

1960 年以前，我国并没有正规的排球教材，教师上课引用的是苏联自编自印的讲义。直到 1960 年，我国体委才成立了全国体育院校教材编审委员会，统一组织编写教材。在这个背景下，体育院校本科讲义《球类运动》应运而生。但由于是第一次组织编写且时间较短，故教材出现了许多遗憾之处，理论知识的阐述也相对薄弱。同年，由人民体育出版社出版，适用于体育院校学生并以《排球》命名的教材出现在了《球类运动》讲义的中册。从此以后，我国体育院校有了统一的《排球》教材。

1979 年《排球》教材适用于体育系学生。教材在内容和章节设计上都进一步增加，反映了当时我国排球理论的不断提高。在章节设置上从学生教育目标出发，新增了教学科研工作及竞赛裁判工作等章节。在技战术章节，加强了训练理论分析等内容。该教材反映了近十几年来，我国在六人制排球教学、工作与训练的研究成果，是一本体系较为完整的排球教材。

1984 年的教材是对前面教材的进一步补充和完善。就在这个时间段内，中国女排获得了世界冠军，标志着中国排球运动已经处于世界领先地位，我国的排球理论也受到世界的关注。因此，这一时期的教材在内容的新颖性、理论的领先性及知识性等方面具有较大进展。教材更加注重理论分析及科学分类，并提出了对学生“三基”的培养目标，标志着学生能力的培养在我国体育教育学习中占有了重要的地位。

1992 年的教材是在 1984 年教材的基础上编写而成的，总结了以往教材的经验，教材更加注重排球基本技战术的理论研究及排球教学过程中理论方法的指导，对教材内容中适用性较强的章节进行进一步丰富。

以后历届教材的编写，都是对前一版教材的调整和完善。1999 年的排球教材吸取了历届排球教材的优点，广泛采纳了新的研究理论与成果。由于当时社会的不断发展及就业的需求，教材更加注重学生实践能力的培养。教材各章节的设置和内容，相比以前有了进一步的提升。

2009 年出版的体育院校通用教材《排球运动教程》是在 1999 年出版的体育院校通用教材《排球运动》的基础上编写的。根据近年来排球运动的最新发展情况，将原来教材的内容进行了调整与完善，使教材内容更加丰富，进一步提升了教材的研究价值，为排球运动的发展做出了突出贡献。

2009 年以后关于我国的排球教材不可否认的是，排球教材的不断发展，为我们了解排球运动提供了重要的参考依据。但综合实际情况来看，教材的内容过于烦琐，内容较多，结构体系变化较小，且存在逻辑性问题，并不完全适用于体育院校学生。通过考察研究，教师和学生多数认为教材内容较多，不利于学生系统地学习教材内容。专家一致建议排球教材应该将专修普修分开写，这样更有利于体育院校学生使用教材。

二、国内排球教材内容的研究综述

孟凡素在其学位论文《对我国现行体育院校通用教材<排球运动>的分析与评价》中，通过对不同版本排球教材内容的对比分析，研究了教材内容在页面、版面所占比例，教材章节的内容变化等，得出排球运动发展迅速，教材内容亟需更新以紧跟时代，从而体现教材的先进性的结论。文章只是提出问题所在，并没有从根本上解决教材内容存在的问题，更没有制定出调整后的排球教材内容。学者李学淞在《排球教材中传、垫球技术分析研究》中，运用肌电法、影片解析法对传、垫球进行研究，为准确地讲解传、垫球技术，解决排球教学重难点提供了一定的理论参考。徐芳在其学位论文中，通过对教材内容的研究得出排球教材应该充实教学内容，引进排球新的发展理论的结论。学者张见岳在《浅谈高校排球教材编排顺序及教法》中，对排球技术教学的顺序进行了分析研究，在当时的教材内容研究中取得了较大的影响力，但由于年代距离较远，已不适合现代排球技术的教学。学者陈铁成通过对1960—1997年出版的体育教育专业《排球》教材的研究分析，得出教材的页面、版面有所增加可以体现教材内容的广度的结论。

为了使其符合教材特点的要求，排球教材的章节及相对应的内容应不断加强科学论证。学者陈庆国在《我国高校体育教育专业排球普修课教材发展研究》中，通过对1979—2005年间6本不同的教材进行对比分析研究，找出教材编写存在的基本问题，主张对排球教材教学内容进行精选及突破原有教材结构的条条框框，使教材在形式与内容上都与教学目标相一致。他建议应该合理安排教材内容，建立富有学校特色的体育教材课程体系。

但以上学者对排球教材中的技术内容研究的较多，并没有人从文章整体来探讨教材内容是否适应体育院校学生。教材是为学生服务的，教材内容的难易程度将直接影响学生的学习兴趣。现行版《排球运动教程》内容丰富，涵盖面广泛，有时学生阅读起来抓不住重点，并不利于学生使用教材进行自我学习。随着排球运动的不断发展，新的排球理论应该及时编入教材中。

三、高校体育教育专业排球教材建设的展望与对策

（一）和而不同地编写普通高校体育教育排球专修和排球普修教材

就体育教育专业而言，排球普修生和专修生对掌握排球技战术、排球理论水平的要求上存在很大的差异。新中国成立以来普通高校体育教育专业只出版过两本明确区分了普修和专修的排球教材，即1991年普修教材和1992版专修教材，其他排球教材一般分为两种类型，一种是完全没有区分排球普修和专修的教材，

如 1978 版、1987 版和 1997 版教材；另一种是把普、专修内容合订在同一本内，用具体的文字指出排球普修内容。如 2009 版教材中，在每节内容上用括号注明是普修教学内容。以排球发球技术为例，正面上手发球、正面下手发球和侧面下手发球技术后都注明是普修的教学内容，而正面上手发飘球、勾手发飘球和跳发球技术后并没有特别的备注。

排球专修生使用的教材应该偏重于排球技战术的理论、排球技战术的实践技巧、排球教学方法及有关排球运动研究的最新成果；而排球普修生使用的教材应该偏重于排球运动的起源及中国排球发展史、排球竞赛组织管理能力的培养、排球健身指导、中小学软式排球竞赛等内容。从两者偏重的方向上看，这都是由于两者在体育教育专业上的培养目标所决定的。通过研究总结得知，体育教育专业排球专修生的培养目标是培养能够胜任中小学排球教学与训练的教师，并能够作为一技之长、长久发展的专项技能；而作为排球普修生则是通过学习排球基本技能和知识，能够熟知排球运动的发展、指导排球运动竞赛等，是作为一个入门级的介绍课程，所学时间较短，技能要求较低。故而多数专家认为两者使用的排球教材应当不同。

而对今后排球教材的编写，71.4%的专家认为可以和而不同地将普修和专修教材融为一体，即采取将排球普修和专修内容合编并明确指出普修内容的方式。如 2009 版排球教材中的排球基本技术章节将普修内容标注出。如此有利于排球教材在兼顾普修教学内容的同时，大力发展排球专修教材。同时，对于今后教材的编写，我们也要在遵守合编原则的同时，在其他内容上也要做好相应的备注，特别是在编写排球专修部分的内容上，更应该突出一个“专”字。按照排球专修和普修的人才培养计划分别制定不同的教材内容，突出普修和专修的各自特点，这是排球教材建设不可忽视的重点之一，另外应该合理地融合排球专修、普修内容的相通点，巩固排球基本内容框架，编写出优秀的排球教材。

(二) 突破传统载体，与时俱进地创新高校排球教材建设的展望

新中国成立以来，普通高校体育教育专业排球教材的内容框架基本形成了一

个以排球基本技战术为主体，以排球运动的教学、训练和竞赛为延伸的综合网状结构，虽然教材内容在大体不变的前提下，遵循细微调整的原则一直沿用至今，但是排球教材依然主要是以传统的书本形式存在，然而随着近几年的网络、视频等教学手段也开始被广泛地应用于教学后，传统的书本教材便受到了冲击，更多的学生选择“百度”等网络工具进行学习，教材的教育目的开始失真。故此，结合当下信息网络时代的发展特征，开发网络、影像等排球教材体系，或者是结合网络等设置课后习题都是非常有必要的，这两点也被 85.7%左右的专家认可，这两者是将传统的课本知识应用到网络等易携带的现代媒体技术上，如网络排球教材可以指提供排球理论知识的互联网网站、国际比赛视频等，影像可以指由高校知名排球教练教授的教学录像等，如此不仅丰富了排球教材的形式，也给排球教材的内容提供了最短的更新周期。更有学者提出，利用 VR(虚拟现实)的程序设计排球技战术的辅助教材，通过人体的视觉、听觉及触觉建立三维的学习场景等，这些都在某种程度上表明，未来的排球教材不再仅仅是以书本的形式存在，而将是突破传统的实体教材，以一种虚拟的、更新周期短、便于传递和保存的媒介物质发展。

(三) 丰富教材内容实用性，巩固教材建设的创新性和科学性

高校排球教材作为直接指导中小学乃至高校排球运动发展的载体，其内容框架、内容广度等都是影响该项运动发展的必然因素，总结新中国成立以来的排球教材，教材的内容框架虽然基本固定，但是其涉及的内容广度却是有增无减的，如 1978 版教材中没有的其他形式的排球运动，在 2005—2009 版中都有涉及，并且也结合了排球运动的发展增加了中小学软式排球运动这一章，这些都说明排球教材内容的丰富度在不断提高。同时，从调查的问卷上看，多数专家认为未来一段时期内的排球教材应该加入以下内容：①排球拓展游戏及其健身指导；②有关排球运动的最新研究成果；③排球自由人技术运用板块，并且认为这些内容应该增加在未来的排球教材中的专家支持比率依次是 85.7%、78.6%和 64.3%。

可见，高校体育教育专业的排球教材并不能维持原有的内容不变动，而超过

90%的教师认为，在未来一段时间内，高校排球教材应该增加的内容是排球电脑绘图技术，这是由于未来的中小学体育教师应该不仅是技能突出，而且是会讲会教的，这就要求体育教师能制作图文并茂的教案，能绘声绘色地讲解排球技能动作，而体育绘图恰好提供了这样的一个平台，不仅能用简单的文字编写教案，而且可以更形象、更直观地阐述排球技能动作。总体而言，未来的排球教材内容要想与时俱进，保持与时代的同步性，首先是在缩小教材内容更新周期的前提下，及时地补充教材内容，丰富教材的内容广度，大胆创新地结合时代特色编写教材内容，合理地提高教材的实用性。

同时整理问卷可知，大多数专家认为未来一段时间内的排球教材应该具有以下特点：①排球教材的内容应该呈现一种丰富而不繁杂、主次分明的状态；②教材的指导思想严谨、教育观念先进，该两点即是要求未来的教材在编写时能更为科学。与此同时也有专家认为未来的排球教材在教学方法上应该与时俱进、练习方法科学合理、有趣味性，这就要求未来的教材能兼顾实用性。

综上所述，未来高校体育教育专业的排球教材应该增强内容的丰富度，使得教材内容丰富而不繁杂、主次分明；同时也要巩固高校排球教材建设的创新性，在内容上去旧迎新、把握好编写原则；也要体现高校教材的科学性和实用性，在教学方法的创编上注意集合时代元素，编写科学教法和学法。

(四) 稳定当前发展局面，谋求市场化下百家争鸣的教材建设模式

中国的国家体制和经济体制决定了中国的高等教育是在政府的支撑下开展起来的，高校教材建设要想取得较好的发展，短时间内以政府教育部门和出版社为主导的教材建设不仅有其必要性，而且在当前的状况下教材建设也必须依靠政府部门的力量，才能维持当前的局面。当前高校教育部门组织实施的“十二五国家排球教材会议”在山东举行，采用编写人员的精品战略做法，在现阶段和未来一段时间内是可行和非常有必要的。这符合我国的国情和高校实际的发展状况，从各高校教学条件和参差不齐的教师水平来看，国家教育部门强制参与的教材建设工作还有很长一段路要走。同时，国家规划教材的示范和指导作用也具有很大的

意义。但是从长远上看，市场经济的协调力是包括国家在内的政府部门所不能控制和干预的，高校教材建设只有完全适应市场化的运行机制才能稳定地发展，人为干预的教材建设工作到头来终会受到市场经济的反向调节作用。故而，在长远意义上的高校教材建设工作中，可以借鉴西方发达国家的教材建设机制，逐步主张教材建设实现市场化，逐渐地淡化政府部门的职能，鼓励各大出版社更深入地的参与到教材建设中，实现以各个出版社为个体的，排球教材建设百家争鸣的局面。

当然，这也要结合本国国情和教材建设实施的具体情况，先稳定当前的发展局面，从根本上谋求高校教材建设的工作长久、可持续发展。

(五) 建立高校排球教材评价体系，促进教材建设的正向发展展望

教材评价的实质就是通过特定的方法和途径对教材的有效性、可靠性、可行性和使用效果进行分析，并通过结果加以综合概括，从而得出对教材价值的总体判断。可见，建立高校排球教材评价体系的目的，一是为了甄别排球教材的科学性和适用性，判断高校体育教育专业的排球教材在设计和编写方面对体育教育专业的价值大小，服务于体育教育专业排球教材的使用者；二是以评价的优劣来总结教材编写的成果，指出教材的不足和存在的问题，致力于推进排球教材建设工作的顺利发展；三是为探求排球教材的结构体系、内容框架的合理性，鞭策教材编写者更好地实现教材的教育目的；四是反馈了教材的编写的问题，调整了教材的学与教材的教之间的矛盾。由此，建立优秀的教材评价体系是鉴别和提升教材质量、反馈教材适用性和调控教材体系的首要措施。我国高等院校体育教育专业的排球教材是由国家倡导、多位专家共同编写的教材，虽然教材具有权威性，但是每章节内容的编写均由一位专家单独独立完成，不可排除个体的影响因素，故而，建立排球教材的评价体系有实际意义，也有利于排球教材建设工作的正向发展。

第二节　排球教学文件分析

教学文件是根据国家规定的排球课程教学指导纲要和教材，结合本校教学对象、任务和场地器材等实际情况制定的，是保证排球教学工作顺利进行必不可少

的教学文件，也是教师进行教学工作的主要依据。

排球教学文件主要包括教学大纲、教学进度和课时计划(教案)三种。

一、排球教学大纲

排球教学大纲是国家按照教学计划，以纲要形式编写的有关教学目标、教学内容和教学要求的指导性文件，是教师进行排球教学的主要依据，也是衡量排球教学质量的重要标准。排球教学大纲一般包括以下内容。

(一) 大纲说明

说明制定大纲的主要依据、教学的指导思想、教学内容的学时分配以及课程目标和要求等。

(二) 教学的目的与任务

根据培养目标，结合排球运动教学的特点，明确提出本课程在理论知识技术、战术、规则能力培养和素质教育等方面的具体任务。

(三) 教学内容

教学内容应包括理论、实践和能力培养三部分的内容。基本理论应包括排球运动概述、技战术理论分析、中学排球教材教法、竞赛组织工作、规则与裁判法、场地设施与管理、课余训练与健身指导。实践部分的基本技术、战术教学内容要列出技术、战术名称，标明教材内容的层次关系，即普修内容与专修内容或重点内容与一般内容。基本能力的培养要提出具体内容，如选择教学方法与手段、组织教学工作的能力，讲述排球技术、战术理论方法的能力，自学、自练、自评和创新能力，辅导课外活动、组织竞赛和裁判工作能力等。

(四) 教学的基本要求

教师自身要加强职业道德修养和行为规范，努力提高业务素质，不断更新理论知识，联系排球课程教学实际，以身作则，教书育人，真正成为学生的楷模。在教学过程中，重视教学方法的改革与创新，注重运用多样化、现代化的教学手段，提倡教学相长，培养学生的自学、自练、自评能力和创新能力。

(五) 成绩考核

成绩考核应包括考核的内容、方法、标准，以及技评、理论、实践和能力考核的比例等。

(六) 教学基本条件与教学措施

为了有效地保证教学的正常进行，必须配备必要的场地设备与器材。教学措施主要是指完成教学大纲任务的组织措施和教法措施。

(七) 教材与教学参考书目

为了提高教学质量，保证教学任务的顺利完成，对教师必备的书籍和参考用书应有明确要求，应使用与大纲内容有关的教材。此外，也要选择其他比较权威的排球专著，扩大知识面，补充丰富教材内容与教学方法。

二、排球教学进度

排球教学进度是根据排球教学大纲提出的目的任务、教材内容和教学时数，由任课教师结合学生人数、场地器材等情况来制订的教学计划。教学进度不是教材内容的简单罗列，它既要保证教学的重点和难点，又要不失排球运动技战术的系统性和完整性。

教学进度的制订必须遵循以下几项原则。

(1) 由易到难，由简到繁，循序渐进；

(2) 新教材与复习教材搭配结合；

(3) 提高技、战术与培养实际能力相结合；

(4) 重点教材、一般教材要互为兼顾。

制订教材进度的方法可以分为阶段螺旋式和循序渐进式两种。阶段螺旋式的进度是将教学进度划分为紧密联系的 4 个阶段，包括基本技术、串连配合、全队战术和教学比赛等几个教学内容和过程。各个阶段既有其独立性，同时又是下个阶段的基础，突出了主要教材的教学，逐渐扩大教材内容。安排阶段螺旋式教学进度时应注意：技术内容安排由多到少，主要技术要早出现；战术内容安排由少到多，主要战术也应早出现；安排技、战术教法时，必须符合运动技能形成的规律；第一阶段就安排简单比赛，可以增加实战机会，有利于学生技、战术能力的培养。

循序渐进式教学进度是将教材内容按照主次和难易程度科学地分配于整个教学过程。首先重点学习主要技术，并一直贯穿到教学阶段的后期，然后逐步扩展学习内容，增加战术教学。以主要技术和战术为主线，一般教材和理论课的讲授则根据它们与主要技术和战术的关系分别安排于教学过程中。安排进度时，要把新教材和复习教材结合起来，把攻守结合起来，把技术和战术结合起来(见表 6-1)。

表 6-1　排球普修课循序渐进式教学进度表参考示例(54 学时)

阶段	课次	教材内容
第一阶段	1	理论课：宣布大纲、排球运动概述
	2	学习准备姿势、移动、正面垫球、侧面下手发球
	3	学习正面传球，复习垫球、侧面下手发球
	4	学习移动垫球、助跑起跳，复习正面传球
	5	学习体侧垫球、原地扣球手法
	6	学习四号位扣抛球、上手发球
	7	理论课：排球技术分析(可在课中安排录像观摩)
	8	学习顺网正面二传、四号位扣传球
	9	学习转方向传球，复习四号位扣球、传垫比赛
	10	复习正面上手发球、扣球、顺网二传
	11	学习接发球站位、接发球垫球，复习正面上手发球
第二阶段	12	理论课：排球战术分析(可在课中安排录像观摩)
	13	“四二”配备、前排队员之间的换位、教学比赛
	14	学习二号位扣球、背传、串连练习
	15	学习“中二三”进攻战术，介绍正面上手发飘球
	16	改进“中二三”进攻战术、背传、上手发球、垫球
	17	学习传、扣半快球，复习上手发球
	18	“五一”配备，前后排队员之间的换位，学习单人拦网
	19	学习扣近体快球、单人拦网下的防守战术
	20	学习“边二三”进攻战术、教学比赛
	21	学习接扣球垫球、双人拦网下的防守战术
	22	录像：排球主要技、战术教学
第三阶段	23	理论课：规则裁判法
	24	复习发、垫、传、扣球技术，教学比赛，裁判实习复习二传，扣半快球
	25	上手发飘球技术、教学比赛、裁判实习
第四阶段	26	技术技能考试
	27	理论考试

三、排球课时计划(教案)

排球课教案是每次课的具体计划。它是教师根据教学进度规定的教材内容，结合学生和场地器材情况而编写的最直接、最具体的教学计划，故又称课时计划。

教师在编写教案时，在对课的任务和要求提法上，文字要简明扼要，具有针对性。例如，技术、战术的教材，一般用“学习”“初步掌握”“复习”“改进”“提高”等；在机能和素质方面，可用“发展”“增强”“促进”等；在思想品德和精神面貌方面，可用“培养”“加强”“调动”等。从课的结构上分，大都把排球技术教学课的教案分为准备部分、基本部分和结束部分三个环节(见表 6-2)。

表 6-2　体育教育专业排球普修课教案参考示例

班 级		课 次		上课时间	
内 容	复习正面垫球、正面传球，学习两步助跑起跳技术				
教学任务	1．改进正面垫球、正面传球技术，让学生进一步掌握正面传、垫球的技巧 2．让学生初步掌握两步助跑起跳的步法和与上肢手臂配合起跳技术 3．调动学生互帮互助的学习积极性，培养团结、协助的集体主义精神				
部 分	课的内容	课的组织	教法和要求	时 间	
准备部分 (15 min)	1．课堂常规(略) 2．游戏：快速反应接力 3．徒手操 3.1 扩胸运动 3.2 体转运动 3.3 各关节运动	两列横队	要求：快、静、齐 游戏规则：分成人数相等的两组进行接力比赛。接力时要抱这三个排球，到对面端线后做一道数学题(两组给定的题一样)，然后返回。以此类推 要求： 1．跑动过程中球不能动 2．计算数学题必须正确，做错一题加做 5 个俯卧撑 3．输的组每人 10 个俯卧撑，教法：教师喊口令并领做，要求：动作到位，充分活动关节	2 min 8 min 5 min	

续表

部 分	课的内容	课的组织	教法和要求	时 间
基本部分 (70 min)	1．复习正面垫球 1.1　教师示范 提示：蹬地、伸膝跟腰、压腕、顶肘、夹小臂、抬大臂、盯球	××××××× ××××××× ×　▲	教法：教师边示范边讲解 要求：学生认真听讲体会	
	1.2 一抛一垫练习	两人一组顺网(根据阳光照射情况站立)	教法：学生练习，教师巡回指导 要求：抛球到位，20 次交换×3组	
	1.3 对墙自垫练习	自由	教法：每人一球练习，教师指导	
	1.4 两人对垫练习	同 1.2	教法：在学生练习前，教师根据练习情况，再做一次示范。学生练习，教师巡回指导纠正 要求：组内同学互相帮助	25 min
	2．复习正面传球 2.1　教师示范 提示：蹬地、伸膝、伸臂、伸腕、弹指	同 1.1	教法：教师边示范边讲解 要求：学生认真听讲体会	
	2.2 一抛一接练习	× × × × × | | | | | × × × × × ▲	教法：两人一组，一人抛球，另一人迎球接球，然后检查手型是否正确 要求：抛球到位，认真练习	
	2.3 一抛一传练习	× × × × × | | | | | × × × × × ▲	教法：学生练习，教师巡回指导 要求：20 次交换，共做 3 组	
	2.4 两人对传练习	× × × × × | | | | | × × × × × ▲	教法：学生练习，教师巡回指导 要求：集中精力，及时判断，快速移动到球下	20 min
	3．学习两步助跑起跳 3.1　讲解示范 先讲解脚步动作再加上手臂动作再加上上体动作	××× ××× ××× ××× ××× ××× ▲	教法：教师做各个面的示范 要求：认真听讲、体会	25 min
	3.2 学生练习 3.2.1　学生自由体会	自由	教法：学生练习，教师巡回指导 要求：重点放在脚步动作上	
	3.2.2 教师领做	同 3.1	教法：先做脚步动作，再加上手臂和上体动作 要求：认真体会动作	
	3.2.3 分排做	分成两排，轮流进行	教法：教师对第一步和第二步喊出口令，找出典型学生做示范 要求："一小二大"	20 min

续表

部 分	课的内容	课的组织	教法和要求	时 间
结束部分	1．放松活动 2．课堂总结 3．师生再见，归还器材	××× ××× ××× ××× ××× ××× ▲ ××× ××× ××× ××× ××× ××× ▲	教法：放松踢腿要求：身心放松要求： 1．针对课堂情况进行总结 2．总结优点，找出不足	3 min 2 min

第七章 校园排球人才培养

第一节 青少年排球教学训练

一、科学选材的定义和意义

每一位运动员都有其特殊的运动天赋，科学选材，就是根据客观测试的数据或指标，使用科学的方法将被选者的运动才能锁定，并进一步分析预测被选者的发展前途，更大地挖掘被选者的潜能，提高其成功率。

科学选材具有重要的意义，也是当代竞技体育运动发展的需要，科学选材可以最大限度地挖掘出运动员的运动天赋，从而有助于保证运动水平。科学训练是以运动员的先天条件为基础。在当今世界体育发达国家训练理论、方法、手段和物质条件等方面的差距越来越小的现状下，若想培养出优秀的运动员，运动员的先天条件便显得尤为重要。许许多多的实例表明，运动员的先天条件越是优越，其获得成功的可能性会越大，越有可能达到世界范围内的巅峰状态。简言之，科学选材具有重要意义，应得到广泛的重视。

在选材实践中，有许多选材方法，科学选材只是其一，经验法、综合法等传统方法也有着一定的作用。教练员凭借其经验在选材实践中获得感性认识，通过总结上升到理论，并又在不断的实践中得到验证和完善，同样在选材中有可取之处。但经验选材毕竟有其局限性，还不能够取代科学选材的位置，最佳方案是把经验选材和科学选材等方法结合起来，起到互补的效果，选材的成功率才会得以提高。

二、科学选材的要求

（一）必须符合专项运动的特点

若想在青少年中选拔专业人才，其专业才能需要符合专项运动的要求，必须在专项运动特点的基础上进行。例如，排球运动的最大特点是尽可能地争夺制空权，击球时间不能过长，每一方击球过网的次数不得超过 3 次，并且传球击球的技巧性较强。根据排球运动的特点来看，身材高挑、弹跳性好、反应灵敏、动作灵活和力量大的儿童少年则是最佳选择。排球运动员对时间和空间判断能力上的要求比其他球类等运动项目高，不仅需要动作速度快，更需要反应速度快而准确，而且还需要连续多次快速起跳的爆发力。从排球比赛独特的每球得分制、不受时间限制与能量代谢上看，排球比赛属间歇运动形式，即短时间爆发式的身体运动被短暂的间歇分隔开。短时间爆发式的扣球、拦网主要是无氧非乳酸系统供能，而短促的动作重复或连续的多回合争夺，则是无氧乳酸系统供能居主导。从这个特点来看，排球运动主要是以无氧供能为主，同时还需要具有一定的有氧代谢水平，选材时要注意选取最大吸氧量高和血色素含量高的选手。

除了运动项目在体能方面的特点外，在智能、心理能力方面也要考虑到运动项目的特定要求。

(二) 把握儿童少年选材的适宜年龄

天才的运动员，都离不开科学系统的、长时间的刻苦训练。不同的运动员个体和不同的运动项目，运动员出成绩的年龄是不同的。通常，一般在经过 8～10 年的系统训练后才会造就出一名世界级高水平的优秀排球运动员，而高水平排球运动员至少在 20～22 岁以上才能表现得十分成熟并能在赛场上发挥其最佳水平。因此，排球运动员一般会从 10～12 岁的儿童少年中进行初选。

儿童少年在生长发育过程中不是等速增长，而是时快时慢呈波浪式向前发展。除了日历年龄和生物年龄(发育程度)外，还有运动年龄。运动年龄是指运动员从参加专项训练开始计算的年龄，它反映一个人参加运动训练的先后。日历年龄、生物年龄和运动年龄之间既有联系，又有区别，而其中生物年龄与运动能力的关系最为密切。由此可见，初期选材的生物年龄具有明显的专项运动的特点。

此外，在儿童少年选材的适宜年龄还受其他因素的影响，如儿童少年运动素质发展的敏感期、运动素质的项目特点。运动项目的差异对运动员的身体、心理和运动素质等提出了不同的要求，而身体机能、运动素质等又因为年龄特征的不同表现出差异。因此，为了避免出现在选材中倾向于收取发育程度偏大、运动能力提早表现的运动员，而忽略更有才能的“大器晚成者”的现象，区别运动员的不同的发育程度是十分必要的。

(三) 考虑运动能力遗传的基本特征

人体各器官生理机能状态、身体素质的不同，以及与运动技能的掌握有直接关系的身体形态、智能及心理特征等因素都影响着一个人的运动能力。一个人在掌握运动技术时的速度及可能达到的最高竞技水平都与运动能力息息相关。实验研究结果和训练实践证明，运动能力的遗传是普遍存在的，但运动能力也存在着变异。如有的父母都是优秀运动员，其子女却不具备运动才能；有的父母并不具备运动才能，其子女却有运动天才：遗传与变异两者辩证统一。

根据人类遗传的基本规律及遗传方式，运动能力的遗传还有连续性、相关性和阶段性的特点。

(1) 遗传运动能力时，如果亲代具有非凡的运动才能，子代中能够遗传这种优越的运动才能的人数能达到 50%以上，而且在遗传了优越运动才能的子代中非常可能个体能够超越亲代，这种可能性随着亲缘关系越远呈现出越大的趋势。对有些冠军家族的研究结果也证实这一点，即运动能力的遗传在亲子代间是连续的。

(2) 人们发现控制体型各因素、心肺功能各因素、内脏器官各因素和神经肌肉各因素的基因和性状是纵横相关的，如身高的人，足、手及腿等都较长；心脏发育缓慢的人，内脏器官的机能水平就比较低，而且反应慢、动作迟钝。

(3) 组成运动能力的各因素都有各自的“敏感发展期”或“最佳发展期”，遗传因素的作用在此阶段显著，在相对缓慢期，遗传因素作用则不明显。

连续性、相关性和阶段性三个特征是相互联系的、相互促进和相互制约的。

在选材实践中应遵循遗传的基本特征，做好谱系调查，以提高预测的效果。

三、青少年排球运动员选材的重要参数

(1) 从 20 世纪 70 年代初到近期我国多数省市排球运动员的选材来看，这些运动员的青少年阶段身高都比同年龄人的身高高出 5～15 cm 不等的高度，在选材时，这是十分重要的参考依据。

(2) 分析优秀运动员在不同时期的身高增长的具体数据可以看出，13～17 岁是运动员成长最快的时期，每人的平均增长身高约 10～118 cm。在选材时，如若有小队员缺少技术训练基础，那么一定要重视小队员的基础身高。而一般的规律表现为：女孩在年龄较小时身体长高比较快，而在后期，其身高增长幅度在 10～15 cm。在当代社会，经济、文化水平不断提高，由此带来的结果是青少年身高增长比先前要提早，其基础身高也比以往更高，因此，在选拔时，基础身高更应得到充分的重视。

(3) 身材匀称、协调是许多优秀排球运动员的共同点。排球运动员的身材不会有过瘦或超重的情况出现。

(4) 主攻和接应二传手大都需要扣球，因此便需要有利于扣球用力的力量型身材，他们的肩宽更有利于用力，于是主攻和接应二传手的身材便十分相似。而副攻手多扣快球的动作，长期的快球小臂动作，肩部运动轨迹大多是垂直于网的立面运动，而不像主攻手的展胸拉臂、躯干和肩部带动大臂动作，长此以往，副攻手一般为瘦高体型。

(5) 二传队员的身高与攻手相比略低。从理论上说，二传队员都是以传球为主，需要的上肢和躯干力量不如攻手所需的力量，然而实际上，身材匀称协调却是优秀的二传队员的普遍特点。二传队员的肩往往比擅长扣快球的副攻手要宽，呈现上肩宽、下腰细的倒三角形，这种特点的主要原因为：对二传队员传球的力量需求很大，往往需要靠肩带动上肢乃至全身。因此，具有宽肩的选手更能满足传球的需要，这一点在选材时，对攻手和二传的不同要求提供的参考依据亦十分重要。

选拔二传队员的条件：由于二传队员的组织战术要求，所以二传队员要有顽强的意志、高度的责任心和协作的精神，同时要头脑冷静、脚步灵活和技术全面，传球手法较为娴熟，身高适宜，进攻水平较高，当然，临场判断和组织能力也是必不可少的。主要二传手若同时是场上队长就再好不过了，因为这样有助于把控全局，便于传达意图，从而团结全队，在比赛中取得优异的成绩。

综上所述，从学校排球运动员选材角度来说，排球基础训练开始的时间在小学二、三年级为好，因为排球是三大球中技术要求最高的，入门时间也较长。各国培养一名优秀排球选手往往需要 8～10 年的时间，我国排球界在长期实践中也摸索出了“三年成形、五年成才、八年成器”的基本经验，据此，排球运动员的初选年龄一般在少儿时期 10～12 岁较为合适。实践证明，女子排球运动员在 20～26 岁、男子排球运动员在 22～28 岁可达到运动的最高水平。

四、选材的工作方法与步骤

我国青少年排球教学训练大纲将排球运动员的选材工作分为以下三个阶段：

(1) 初选阶段，也就是第一次选材，一般在小学阶段完成；

(2) 复选阶段，一般在 13 岁时，在初选的基础上进行；

(3) 精选阶段，在复选的基础上经过两年训练，进一步进行测定和评价。

选材工作按以下步骤进行。

(一) 家系调查

上述提到，运动能力受遗传因素的影响很大。因此在选材时首先要对选材对象的家系进行较为详尽的调查。选材对象的父母、祖父母、外祖父母、兄弟姐妹的身体形态特征、健康水平和运动能力等则是调查中需要密切关注的要点，通过对以上要点进行分析，进一步得出其遗传因素的影响条件。除此以外，他们胎儿期及发育期的营养条件等也需要作为调查对象进行调查。

(二) 体格检查

检查的主要内容有身体形态、心血管系统和呼吸系统的功能、肝功能、血常规、尿常规等有关指标和个人病史等。通过进行检查能够了解选材对象的一般健康情况和发育水平，对其可能会影响运动能力和技术发展的疾病和缺陷进行筛查。以上提到检查项目的某些指标需要由医院的专门医务人员进行测定。

(三) 发育程度与青春期发育高潮持续时间长短的鉴别

只有准确了解运动员的身体发育程度，对其形态、机能、素质和成绩等做出评价才会更加准确。

儿童少年在生长发育过程中，实际存在着两种不同的年龄标准，一个是生活年龄(即日历年龄)，一个是生物年龄(即发育年龄)。因为遗传、营养、运动和疾病等因素均有可能影响少年的发育情况，所以表现出来的生活年龄和生物年龄可能会有差异。除此以外，少年间的个体差异也比较大。生物年龄反映出的人体的发育程度往往比较准确。生物年龄一般用骨龄来表示，骨龄可作为评价发育程度的主要依据。以前普遍采用的是国外的 TW1、TW2 和 G-P 评定标准。目前，我国也制定出了 CHN 标准并正在推广。在无法拍到骨龄时，可参考阴毛、睾丸、乳房等第一性征的指标来推导骨龄。

在少年进入青春发育期后 1～2 年之间判断青春发育期高潮持续时间的长短比较准确。在确定时会参考分析骨发育的变化情况、第二性征变化情况和身高年增长比例等数据。

少年排球运动员选材，以选正常年龄开始发育且发育期高潮持续时间延长的儿童少年及正常年龄开始发育、发育期高潮持续时间正常的儿童少年为好。

五、青少年排球教学训练

(一) 青少年排球运动员教学训练工作的意义

运动员成长规律表明，青少年时期的教学训练直接影响到运动员能否最后成才。当今世界竞技体育强国的成功经验及我国排球运动训练经验告诉我们，搞好青少年排球运动员的教学训练是培养优秀运动员的必由之路。对青少年排球运动员的教学训练，不仅是提高我国排球运动技、战术水平的重要保证，而且有助于培养他们在德、智、体等方面全面发展。

青少年运动员的身体发育正处于一个从量变到质变的过程中，是个体从幼稚向成熟期发展的过渡期，是人生中长身体、长知识的重要时期，是身体发育逐渐成熟、运动能力逐步增强、智力发展迅速、个性和世界观初步形成的时期。这个时期需要打下牢固的基础。

（二）排球训练的方法

为了完成训练任务，需要采用各种手段和措施，这些措施和手段总称为训练方法。为了让运动员的运动技能和战术水平有所提升，并在比赛上取得优异的成绩，训练方法也必须根据训练对象、训练内容和要求、训练条件和设备、训练时期等的不同而变化。

100 多年的发展使得排球运动在其特有的训练方法上积累了丰富的经验。目前，国际上比较流行的排球训练法有以下几种。

1．重复训练法

重复训练法，顾名思义，简单来说就是反复练习。其条件是动作结构和运动负荷不做出改变，按照既定的要求反复练习。每次(组)练习之间有一定的间歇时间，这段时间能使机体基本恢复。这种训练法的特点是集中将某一项技术或战术进行训练，经过多次重复后，能够形成条件反射，如此，队员便更有利于牢固掌握想要练习的技术和战术。

2．变换训练法

训练同一个内容或同样的训练任务时，在一次训练课或若干训练课中采用的训练方法不同，这样的训练方式被称为变换训练法。用多种方法解决同样的问题，这是变换训练法的最大特点，其优点也十分明显——能使队员在训练中不感到乏味和枯燥，由此提高队员训练的积极性。

3．串联训练法

在比赛中，排球的各项基本技术不是孤立的，而是相互关联的，因此在训练中，练单项技术是重要的，更为重要的是也要把各项技术有机地结合起来。由此，串联训练法诞生了——即两项或多项技术有机结合的训练形式。

在串联训练过程中，不仅战术意识十分强烈，而且在很多情况下串联衔接的过程本身就是一种战术配合。因此，在设计各种串联训练方法时，要考虑到排球比赛的规则，所研究的训练方法要切合实战，这样的训练必定能取得好的训练效果。

4. 系统训练法

排球运动的战术系统包括一攻、反攻、保攻和推攻四个。系统训练法就是在训练中对这四个战术系统中的某个进行整体训练的方法。系统训练具有目的明确、条理清楚的优点，可以根据球队的实际情况选用。在训练中进行系统训练时必须包含整个系统中的各个环节及技术，并将其有机地串联起来。

采用系统训练法时，一般会让全队参加训练，但也可以将队员分成 3 人或 4 人一组，可以在教练员创造的对立面的简单条件下训练，也可以在各种不同对立面的对抗条件下进行。采用系统训练法时，需要考虑到比赛的实际情况，这种方法尤其适合水平较高的队，在接近比赛前的一段时期采用此种方法训练效果显著。

5. 综合训练法

综合训练法是指在训练时采用两个或两个以上的战术系统进行训练的方法。综合训练法既有系统训练法的优点，也有比赛训练法的优点，对提高全队技术和战术串联能力、队员间的默契配合具有积极作用。综合训练中战术意识强烈，因此综合训练方案的设计要根据比赛规则和训练目的而设定。

综合训练时一般全队队员参加训练，但也可以将队员分为 3 人或 4 人一组，可以在简单条件或者对抗条件下进行训练。

6. 分组训练法

分组训练法是指将队员分成若干个组，在训练时从事同一内容或不同内容。分组训练法一般根据队员的比赛阵容分工对队员进行训练。分组训练法的主要目的是根据不同位置，将队员进行技术分工，从而提高队员某一项主要技术。除此以外，假如场地、器材有限，或教练员不足，或某些训练项目强度很大，也可以采用分组训练法。分组训练的主要形式有轮换、交换、多场和多网四种。

7. 多球训练法

多球训练法是指在训练中利用较多的球，以提高训练的密度、强度、难度和节奏。不是所有的训练都适合运用多球训练法，如拦网、防拦回球、对传和对垫等练习不需要多球。在进行多球训练时，首先要组织好捡球的队员，同时还要密切关注周边环境，避免出现伤害事故。

8. 对抗训练法

有对立面的训练形式称为对抗训练法。对抗训练法形式可以在比赛情境下进行，也可以在设立具体技、战术对立面的情境下进行，是最切合实战的训练形式。在安排对抗训练时，对抗双方的实力要尽可能均衡，同时，应强调训练的重点和目的，对抗训练法更适用于高水平排球队。

9. 极限训练法

极限训练法是指为了提高运动员的专项耐力素质，培养运动员勇于克服困难的顽强意志，塑造他们的拼搏精神而采用的一种训练方法。这种方法具有密度高、强度大、练习时间相对较长、要求标准高和必须竭尽全力的特点。在进行极限训练时，队员需要准确掌握身体的负荷量，负荷量过小会达不到提高专项耐力的目的，在培养作风方面也起不到很大的作用；然而如若负荷量过大，不但会对身体健康造成损伤，而且不利于形成正确的技术定型，也不能很好地运用技术。

10. 恢复训练法

恢复训练法，顾名思义，就是为了运动员调整恢复的训练方法。运动员在阶段性的紧张训练或激烈的大赛后，都需要有一段调整恢复的训练，或者恢复伤病的训练。这种训练方法在技术、战术训练上有所体现。一般来说，阶段性紧张训练后的恢复训练主要是为了使运动员能在前一阶段大运动负荷训练的基础上达到超量恢复，迎接即将来临的比赛或下一个阶段的训练。而在激烈的大赛后，运动员无论在体力或精神方面都已出现极大消耗，这时的恢复训练则应包含积极休息的内容，使运动员在体力和心理方面都能迅速恢复到正常水平。

(三) 排球训练文件制定

1. 制定训练文件的意义

加强科学训练首要的任务就是制定切实可行的训练计划，训练计划是对未来训练过程预先做出的理论设计。

一个球队的育成，一个运动员的成长，具有阶段性和长期性的特点，必须有相应科学的训练计划。制定训练计划能使教练员、运动员明确训练任务和总结训练工作，避免训练工作的盲目性。

2. 制定排球运动训练计划细则

排球运动训练计划是对未来训练活动预先做出的理论设计。制定排球运动训练计划有着重要的意义，能够促进实现排球运动训练目标。因此，排球运动训练计划应包含具体而详细的方法与程序，详尽地对应做什么和怎样做来实现训练目标做出规划及解答。一般来讲，制定排球运动训练计划的程序包括明确排球运动训练计划目标、运动员起始状态诊断、确定达标手段、制定计划细则、运动训练计划评审、运动训练计划审批和输出排球运动训练计划等几个子程序。

(1) 如何确定排球运动训练计划的目标。排球运动训练计划的出发点是排球运动训练的目标，排球运动训练是为了实现排球运动训练的某一目标才进行的。由于排球运动训练目标的概括性和抽象性，操作性难度有些大，所以，当制定排球运动训练计划时，首先应明确排球运动训练计划目标，并且对排球运动训练目标进行系统分析和分解。

对排球运动训练目标进行系统分析和分解的步骤如下：

1) 将名次目标在预测的基础上转化为竞技能力目标；

2) 对竞技能力目标进行系统分析和分解，并进一步将其指标化和任务化；

3) 在此基础上，按时间序列将各层次的目标分解。

通过明确排球运动训练计划目标这一子程序，可以使排球运动训练目标更加明确、具体，并构成一个完整的、具有可操作性的计划目标体系。

在明确排球运动训练计划目标的过程中，教练员需要对排球运动训练规律进一步进行深层次理解和认识，也需要对每位队员的竞技能力情况进行系统分析和认识。

(2) 对排球运动员起始状态进行诊断的方法。“诊断”这个词本是医学术语，它指的是根据检查病人的症状来判断病人的病情，病情是否有所发展及发展至什么程度。而这个词拓展到排球运动训练中，诊断排球运动员(队)起始状态是指首先对运动员(队)相对应的起始状态进行检查判断，然后根据排球运动训练计划所设定的目标，找出运动员的起始状态与目标之间的差距，分析为什么会存在这种差距，对运动员状态的发展情况做出评估。对排球运动员(队)起始状态进行诊断的本质，其实是分析和判断排球运动员起始状态向目标状态前进的“问题”。只有保证科学地诊断起始状态，该诊断才会呈现有效、客观和可靠的特点。

(3) 选择实现目标的手段。在对排球运动员起始状态做出诊断后，我们便掌握了排球运动员(队)的起始状态，此时再对比排球训练计划所设定的目标，便很容易知道运动员的起始状态与目标之间的差距和原因，在找到差距和原因后，主要任务就是将差距消灭掉，使整个排球队由起始状态向目标状态转移，最终实现排球运动训练计划目标的手段。这里所讲的手段是指宏观、原则的对策。排球运动训练计划中应该将这些内容作为排球运动训练计划的附加说明。

(4) 制定排球运动训练计划细则。制定排球运动训练计划细则，就是将实现排球运动训练计划目标的手段进一步具体化。主要包括划分运动训练阶段，确定训练任务和内容比例，规划运动训练负荷，选择排球运动训练的方法和手段，确定恢复的措施，确定检查评定的内容、指标、时间、方法和手段，明确规定训练的时间等。

第二节　学校运动队建设

一、建设学校排球运动队的意义

（一）排球队的建立是普通高校体育文化发展的有机构成

校园体育文化是以学生为主体，以课外体育文化活动为主要内容，以校园为主要空间，以校园精神为特征的一种群体文化，校园文化作为一种社会文化，也是在一定社会政治、经济、文化、教育和体育等条件下，由学校广大师生在实践过程中共同创造的体育物质财富和精神财富的总和。虽然，体育文化是一种健康文明的氛围，一种不屈不挠的精神。但这种精神是一个学校发展的灵魂，是集聚人心展示学校形象和健康文明程度的重要体现。同时对拥有体育学科的普通高校自身专业竞技能力提高有着不可估量的潜在价值。精神领域的拓建对大学生健康人生观的形成有着潜移默化的深远影响，而这种影响恰恰是任何学科文化所无法取代的。精神文化是校园文化发展的坚实核心，普通高校的文化品位主要是通过校园文化的建设来提升的。

加强普通高校体育文化的建设也是国民体育发展的基础，对增强民族体制和提高竞技体育水平有着重要的战略意义。普通高校运动代表队的训练和比赛也是展示校园体育文化的有机组成部分。作为三大球之一的排球，在中国人心中更有着超越体育本身的地位，它不但拥有着光辉的历史背景，同样也拥有着广大的参与群体，在拥有这样深厚基础的排球运动文化熏陶下，排球队的建立成了广大排球爱好者和从业者的精神住所。排球队的建立有如下建议：①丰富了学生的校园生活，促进和谐校园的建设；②带动学生全民健身的发展，促进校际交流，提升学校凝聚力；③架构了娱乐排球与竞技排球的桥梁。以此，普通高校排球队的组建不但巩固了排球运动在校园开展的广泛性，且以其极大的宣传能力对排球运动推广起着至关重要的作用，同时又以其独特的健身性、娱乐性和竞争性积极引领校园体育文化的发展。

(二) 排球队伍建设是高校体育教育体系的重要组成部分

近年来，面对着体育事业的蒸蒸日上，全国普通高校紧跟时代步伐积极促进体育学科及校园体育文化的建设，为促进本院校体育学科的良好发展纷纷组建了一些体育项目的运动训练队。拥有体育学院的普通高校，在自身具有一定先天条件优势的情况下更是组建了男女不同级别各种项目的训练队。排球在2003年的新课程方案中与足球、篮球并称“球类”，作为普通高校体育学科专业学习的必修课程，为普通高校体育学院排球队的建立和选材提供了丰富优质的人才资源保障，而且在这个群体中拥有着来自业余体校和接受过系统排球训练的专项考生，加之学科建设发展的特殊性又有着许多运动天赋异禀的人才，共同为普通高校体育学院排球队的组建奠定了宏厚的基础。

体育学院不但具备着排球队组建的选材基础，同时又具备着一批优秀的培训人员。排球作为学科教学的必修课程，当然免不了有许多从事排球运动研究和训练的专业指导教师，这样更为体育学科排球队的组建提供了丰富的人力资源，而且作为本专业教学的必修课程为了满足教学的需求，体育学院从来都不会忽视学科发展的基础保障——场地与器材，普通高校中体育学院通常都会拥有属于自己专门教学的场馆设施，这些场馆设施不但环境良好，建造质地较优，而且器材配备相对完善，极大地满足了排球队学习、训练的精神需求和物质保障。这样一支装备精良、运动能力超强的排球队不但激发了广大学子参与排球锻炼和学习的兴趣，更无时无刻不丰富着他们的校园生活，在球队赛出优异比赛成绩的同时，不但对自身和校园体育文化的发展写下了浓墨重彩的一笔，也为今后球队人才来源和长远发展奠定了良好基础。

(三) 普通高校排球队是提升我国竞技排球后备力量的重要途径

排球队要发展就需要通过比赛去不断印证，然而影响比赛取得胜利的因素却多种多样，但不管论及何种因素都离不开竞技能力的培养。从当前来看，我国文化部体育协会每年都会组织举办各种类型的排球赛事，其大多是服务于普通高校。

经过近 20 年的摸索，使我国普通高校排球运动发展日趋成熟，并且成为培养后备人才的摇篮之一。不仅如此，各省(市)也在不断加强管辖区普通高校竞技排球队的建设与发展，这样不但为普通高校排球队的建设提供了展示的舞台，也巩固了各普通高校排球队之间的相互交流，为本校排球队竞技能力的提升和培养创造了良好的学习机会，同时也拓展并提升了自身校园体育文化的影响力。

排球队的竞技能力要提升不单单是人们表面看到的对运动能力的培养，它还包含着体能、技能、战术能力、运动智能和心理能力等 5 种因素及多方面的拓展。通常人们理想中对竞技能力的认识都比较片面，但作为一支排球队伍建设的经营和管理者必须全面地认识排球训练竞技能力培养的具体内容及需求。一支优秀且具有高超竞技能力的排球队需要各相关因素的共同支撑和培养，万丈高楼平地起，只有做好以竞技能力为基础的全方位培养，才有可能避免其球队在比赛中竞技能力的表现缺失，同时这也是获取优异成绩的基本保障。作为普通高校具有体育专业的院校更应面面俱到，切实做好基础培养，争取为球队的每一次胜利增砖添瓦，从而为校园体育文化的良好发展树立形象、营造氛围。

二、影响学校排球运动队水平的因素分析

(一) 队员的体能水平

20 世纪 80 年代中后期在我国各类体育报刊和文献上陆续出现有关“体能”的论述，时至今日虽对其概念仍存较大分歧，但大多数研究均建立在体能是通过力量、速度、耐力、协调、柔韧和灵敏等运动素质表现出来的人体基本的运动能力。排球队竞技能力水平的高低脱离不了对运动员体能的加强，它是球队获取优异比赛成绩的基础。排球运动员体能是指其身体的运动能力，即运动员在比赛中所表现出的身体运动能力，是其身体形态特征、机体机能水平和专项身体素质的综合应用。

大部分专业体育学院的排球队成员在进校前都接受过较系统的专业体能训练，而且低年级队员个人运动能力明显强于高年级队员，但在其他竞技能力影响因素方面又明显弱于高年级队员，这就要求运动员和教练员在日常训练中更应重

视体能训练以此来弥补不足均衡自身，为影响竞技能力的其他各因素稳步提升奠定基础。强劲的体能是排球运动技战术水平不断提高的重要保证，提高体能训练水平也是获取优异比赛成绩的可靠途径。纵观世界排球发展历史，一支排球队要想取得傲人的比赛成绩，肯定是做到了将体能、技能、战术、心理和运动智能等影响竞技能力发展的各种因素高度结合，而在众多影响因素中体能是基础。没有强劲的体能就不可能掌握精湛而高级的技术和战术，更不会有机会在高强度的比赛中去展示自己超于常人的心理能力和运动智能，因此在排球运动员的训练过程中体能是竞技能力提升不可或缺的重要组成。

(二) 运动技术

“技术”一词被广泛应用于与体育相关的各项运动中，它是指为了达到一定战术目的而组织进行的基本身体能力，而运动技能则是按一定技术要求完成动作的能力。运动技术即是完成体育动作的方法，也是决定运动员竞技能力水平的重要因素。排球技术是排球运动的基础和重要组成部分，指运动员在比赛规则允许的条件下采用的各种合理的击球动作和配合动作的总称。

专业高校体育学院排球队成员不论是在入校前还是入校后均持续进行着与排球运动相关的各项技术学习和训练，而且自入校后大部分队员的技术较从前都有明显提高，这充分表明在每个时期的受教过程中队员和教练员为什么总会将排球技术学习作为训练核心的原因，更突出体现了个人运动技术的不断提高是排球队竞技能力提升的坚实保障。扎实的技术不但使个人的体能可以极大地最优化，也使得球队在用人方面有更多的调控和选择，单项技术精湛更对球队整体发展有着长远的促进作用。随着排球运动急剧发展，人们对排球运动员及球队的要求也更为苛刻，一名排球运动员要想在球队获得足够出场时间不但要具有超人一等的单项技术能力，更要以无短板的各项技术均衡全面来满足球队发展所需；一支排球队要想取得优异的比赛成绩、获得足够的关注度更不会忽视时势需求，他们同样渴求那些能更多承担球队责任具有全面技术且有所专精的复合型人才。没有过硬的技术，良好的战术就难生其效。所谓技高人胆大，掌握高超的技术更是节省体能、强化心理和激发智能的有效途径，不论球队或个人处于何种层次都将始终以坚持技术练习不懈怠为其竞技能力稳步提升的坚实保障。

（三）战术素养

战术是一种谋略和技巧——思维上的谋略，行为上的技巧。战术能力作为竞技能力的重要组成部分，也是衡量高水平排球运动员的重要评价内容，指在比赛中为战胜对手或为表现出期望的竞技水平而采取的计谋或行动。战术能力运用的目的就是为了改变和提升运动员的竞技能力，也是促进排球运动快速发展的重要因素。排球战术就是运动员在比赛中根据排球运动的比赛规律、双方的具体情况和临场变化，为有效地运用战术而采取的有预见、有目的和有组织的行动。

经调查分析所得，由于高考体制的设立，大部分普通高校及中学排球队成员在入校前大部分都以排球基本技术训练为根本，很少有教练员对其进行过系统的战术指导，长期的实践训练和实战更是一种奢望，因此在入校后对于运动员战术能力的培养成为提升排球队竞技能力的核心任务，这也要求教练员必须在训练中要有侧重、要有手段、要有落实才能确保球队发展不断得到巩固。娴熟的战术配合使排球运动技术飘逸、打法多样，从而使排球比赛富有趣味性和充满竞争性，也成为提升球队竞技能力、取得优异比赛成绩的制胜核心。但是，排球运动战术能力的形成是多种因素共同作用影响下的有机结合，需要运动员和教练员在参与训练和实践比赛中不断地汲取经验，积极采取行之有效的战术训练方法和手段，促使各自排球队竞技水平向着更高层次不断迈进。

（四）心理能力是排球队竞技能力提升的关键

普通高等教育“十五”国家及规划教材《体育心理学》中描述“心理技能”是通过练习形成的影响个体心理过程和心理状态的心理操作系统，是一种与人类生活、学习、工作、劳动、身心健康以及调节与提高人体身心潜能相关的，在人脑内部进行与形成的内隐技能。心理能力即运动员与训练有关的个性心理特征，以及依照训练竞赛的需要把握和调整心理过程的能力，是运动员竞技能力的重要组成部分。

排球运动员心理能力是指其在参与比赛中最大限度地发挥自己本有的身体能力、技术及战术水平，从而使长期训练的效果在实践中得到具体的表现。

经访谈得知，大部分高校排球队教练员对培养运动员的心理能力明显感觉受重视程度不够，其原因主要是教练员自身在接受培养过程中就没有得到相对的指导，执教后再查阅多种有关排球训练心理能力培养的资料也少有可指导训练的具体文献，有涉及文献对普通高校排球队又不能进行针对性实施，这一切从根本上限制了教练员们对心理能力的了解和掌握，从而制约了他们对运动员心理能力的培养。排球比赛胜负的关键固然脱离不了体能、技术和战术等多方面的因素，但心理能力对制胜的影响绝对不可小觑，尤其对于强弱分明不大的两支球队，心理能力差的一方执行能力就会相对受到抑制，不能充分发挥自身的技战术水平，关键球处理就会犹豫手软，这正是心理能力薄弱的典型表现，坚毅的意志品质和拼搏精神都是良好心理能力的具体显现。综合种种竞赛现状，心理能力的培养任重而道远，它不但需要每位教练员在实战中的不断积累，更需要广大科研者能够在此方面取得卓有成效的突破，每一项比赛要想获得理想的比赛成绩都不能脱离心理能力的关键作用而取得竞技能力的攀升。

(五) 运动智能是排球队竞技能力提升的载体

所谓智能并不等同于智力，它是人的智慧和行动能力综合的本能反应。从广义上讲，智能也是一种心理能力，更是一种综合能力，具体包括观察力、记忆力和想象力等因素，其核心是思维能力。“运动智能(kinesthetic intelligence)”一词是由美国著名哈佛大学教授霍华德·加德纳首次在“多元智能理论”中提出的，他认为运动智能是指善于运用整个身体来表达整个身体和情感、灵巧地运用双手制作或操作物体的能力。运动智能是智能的一种，是指运动员以一般智能为基础，运用包括体育运动理论在内的多学科知识，参加运动训练和运动比赛的能力，是运动员总体竞技能力的重要组成部分。包括一般智力和专项智力，以操作思维为主的一般智力是基础，专项智力是指排球运动员在训练和比赛中表现出来的信息加工速度、认知策略和反应认知方式的特征。排球运动员的运动智能通常是在排球运动的特定情境中来考察的。在这种情境中，运动员的运动智能总是表现为以观察能力为先导，以思维能力为核心，另外自我感知、想象力也起着非常重要的作用。

普通高校体育学院排球队在建设过程中对运动员专项智能的开发和拓展大多具有积极的态度，在学科领域对此研究尚不成熟的条件下，教练员们还是倾尽所能地去实践和探索培养之方，运动员自身的认识也较为深刻，能够在日常训练中不断巩固和拓展自己的专项智能。在没有专业指导和学习的训练过程中全队上下共同摸着石头过河，这种乐于发掘敢于实践的专业态度值得每一位专业人士推崇。同时，这种在专业领域暂不成熟的条件也值得每一位研究者去更多深思探索，较之在基层训练过程中大家对此重视程度都如此之高，这切实说明运动智能对提升排球运动竞技能力的重要性。排球运动员的运动智能越高其运动水平也相对越高，对技战术的领悟能力和执行能力也更为透彻，其与竞技能力的高低程度成正相关，是一切运动取得优异成绩的载体。合理的体能分配、精湛的技术、娴熟的战术及超强的心理能力无不依靠运动智能来承载，因此在日常训练中教练员们必须坚持贯穿勇于探索，运动员们更应积极配合，主动与相关人员沟通不断提升自己，才能使运动智能的拓展得以最大化发展。

三、加强学校排球运动队建设水平的措施

(一) 加大场馆建设，更新器材设备

大部分高校排球场馆目前建设还比较落后，物力资源有限，仅能提供基本教学和训练所需，还未达到承办各种比赛的硬件标准。排球场馆是保证排球训练的基础，良好的器材设备对排球运动员训练和比赛都有积极的促进作用，也促使竞技能力得以更快提升。面对社会发展的日新月异，校园建设也在如火如荼地进行，在建设过程中各普通高校可通过以下途径满足排球队发展需求：① 对原有综合型体育场馆进行重新规划；②在校园规划过程中加大对新兴体育场馆的建设；③球队领导及时沟通上报更新破旧器材设施。各普通高校场馆器材设备的建设和更新不仅满足着体育学院排球队自身建设和发展的需求，更以其独特的色彩吸引着每

一位爱好者的眼球。同时，不但满足着学校体育课排球教学的需要，也为校园文化建设提供了更广阔的展示平台，更是督促、检查、评估和规范办学质量的重要指标。受经济因素的影响，在我国一些发展较快地区大多普通高校体育设施建设已经趋于完善，其中当属起步较早的“三大球”场地设施建设，其不但能够满足教学训练需求，还适时对外开放收取活动费用，用于场馆设施的及时维修和器材更新。例如，身处武汉的华中农业大学虽然没有二级单位体育学院，但是目前已经拥有大型综合体育馆 1 座(木地板)、室内体育场 1 个((AG 塑料)、篮球场 37 块(6 块塑胶、21 块涂料、10 块水泥)、标准足球场 2 块(AG 塑料 1 块、人工草坪 1 块)、排球场地 8 块(涂料)，也许看似这样基础的体育设施构建在一些经济状况良好的地区已经习以为常，但这对于西北地区甘肃省普通高校来说，大多数学校不具备同样水平的基础教育设施。因此，高校体育设施的基础建设必须引起有关部门的重视，院校也应积极采取措施，根据实际情况所需加强排球场馆建设，及时更新器材设施，使其能够更好地满足日常教学、训练及相关比赛，丰富校园体育文化建设。

(二) 实行优选优待，提高训练质量

目前，除仅有为数不多的普通高校具有专业单招排球专项运动员的资格，在招生政策上给高考生予以倾斜外，其他院校选拔体育学院男女排球队员基本都是从体育专业高考的普招学生中选拔。因此，招生方式比较单一的体育学院排球队不但需要尽心竭力选拔培养那些体育专业高考普招生，还需积极向上级教育主管部门争取到一些相对的招生优惠政策。为了克服排球队员选拔质量的问题，普通高校可与所处地域中学及政府共同形成吸纳—培养—输送的人才培养模式。首先，由于高校能够为地方提供充足的人才供应，也就为地方高校在当地的招生建立了优势。普通高校体育学院排球队负责人可将所处区域各中学内的优秀排球考生做调研，利用地域优势和院校优惠政策对其进行高考志愿填报引导，积极促使其能够成为自身建队的中流砥柱。其次，待到队员大学毕业时积极与当地政府进行推荐沟通，使其能够与用人单位即时达成一致为运动员的就业提供坚实保障。这不

但从排球运动基础教育上起到了促进作用，提升了学生参与此项运动的兴趣，而且为普通高校体育学院今后的招生夯实了基础。于此，在排球队员参与训练过程中，院校要多方面为其塑造和提供展示平台，在教练员选拔过程中必须保持不懈怠的考核态度，任职教练员必须是院校专业教师中知识储备、科研能力及运动技能相对较高的骨干教师。

在培养过程中，对参加比赛及入选排球队训练的运动员要在考核、补贴和评选等相关政策上区别对待，在院校运动队建制允许的条件下也可借鉴一些学校运动代表队工作开展较好的普通高校，实行院校排球运动代表队学分制。这种管理制度对运动员不但是一种激励和奖励更是一种鞭策，以吸引更多的学生投身到排球运动中来。

在欧美，许多院校都设立有丰厚的奖学金来吸引那些拥有超高天赋的学生运动员来校学习，而拥有超高运动天赋的中学生也很容易受到各高校的普遍关注，在美国一名优秀的橄榄球或篮球运动员可能会同时受到很多所院校的招募奖学金，其金额一般为 5 500 美元左右，同时学校还为运动员免除学费，并免费提供住宿，这对于普通大学生的吸引力可谓不言而喻。当前我国普通高校体育学院还不具有欧美高校那样丰裕的奖励政策，但是可以通过一些其他方式来对排球运动员进行鼓励和奖励，如赛后的奖励、院校福利补助、助学金、奖学金的评选、优秀学生评选和学生入党等，这也能充分体现出学校对运动代表队的重视和对运动员参与排球运动的认可。

（三）广筹各种资金，充实办队经费

经济来源是影响绝大部分普通高校体育学院排球队竞技能力提升的最主要制约因素。没有充裕的资金，球队的正常训练和比赛就很难得到保证，这直接制约着球队竞技能力的提升，影响着优异比赛成绩的获得。社会主义市场经济的发展，竞技体制改革的加快，给企业、行业和俱乐部共建高水平运动员人才基地带来了可能。目前，普通高校体育学院排球队多是靠政府和学校扶持，经费严重不足，导致日常训练比赛不能正常进行，为了摆脱这种尴尬的局面，各普通高校更应加

大投资的力度，不断拓展球队经费的来源渠道。筹措充足的资金是办好体育学院运动队的基本保障，训练条件改善和活动经费不足的解决除了学校对体育学科建设经费的加大投入，筹措途径仍有多种：①争取地方财政适时对排球运动资金投入的倾斜；②采取区域教育局、体育局及学校联合注资共同培养的模式；③积极促使社会、个人及厂矿、企业等对球队的赞助力度；④凭借高校办学的坚实条件与企业、厂矿挂钩，实行球队联营使其在资金方面提供援助。

在积极争取上述各种外界资金对球队的支持外，院校更应该先发夺人凭借自身的各种优势积极获取社会各方面的投资以充实球队的资金积蓄。以学校出地、企业出资合作共建等方式扩充体育场馆设施，以对外开放成本逐年回收有偿使用的方式运营，达到排球队训练、比赛及院校教学条件的不断改善，积极有效回馈投资方，促使双方利益实现双赢。在满足排球队训练、比赛和院校体育课教学等有计划的学生课外活动的前提下，学校体育场馆应坚持实施对外开放有偿使用，扩充经费来源，早日实现自给自足的球队发展方略。球队拥有相关部门援助及社会各方面的赞助资金就可用来改善器材设备，改善训练条件，走上可持续化的训练道路。在体育运动日趋商业化、社会化的今天，高校体育学院排球队的发展理当顺应目前体育、经济和社会的发展形势，结合自身办学条件，充分利用体育走向社会、走向市场的发展趋势，变单一发展为多元发展，吸纳社会各界的力量共同发展普通高校排球运动，以提升自身排球队竞技能力。

(四) 改革竞赛制度，增加比赛机会

在中国，普通高校体育运动竞赛的管理都遵从上下级隶属关系，通过纵向的信息指令和行政手段来控制体育运动竞赛的运行和走向。现在高校排球运动的比赛基本上都是由教育厅牵头，体育总局与排球协会协办，某普通高校落实承办的方式，既没有成系统也没有形成一定的社会影响力。随意性相对较大。能够确定举行的就只有四年一届的地方性大学生运动会，这从长远发展来说不利于各普通高校排球队的建设。因此排球比赛的机会不能单纯依靠教育主管部门牵头，他们也不可能有那么多的时间来专注于排球运动这个单项。这就需要甘肃省的排球运

动协会、大学生体育协会和各个高校球类教研组等共同筹划组织，同时再借助社会的力量来主办各种类型不同等级的排球比赛。为促进普通高校体育学院排球队竞技能力的提升，有关部门、协会及团体可借鉴欧美一些发达国家大学竞技体育的竞赛制度，例如，在美国大学竞技体育已经有着数百年的发展历史，竞赛类型及条件也都趋向成熟。同时我们也可以根据自身条件举办高校体育学院联赛、区域挑战赛、校际交流赛和邀请赛等。目前，虽然我国在排球运动发展方面尚未拥有像发达国家那样强有力的非政府组织，但是教育厅和体育总局的权威部门可鼓励资助一些排球领域的爱好者尝试组建，以此来刺激推动高校体育学院排球运动的良性发展。随着竞赛制度的不断改革及外界受关注度的提升，排球运动开展在普通高校的接受程度也会逐渐改善，这种途径不但能有效地引起校方重视促使其加大投入，还能树立运动员参与排球训练的积极性。于此，我国整体排球竞技能力将得到巩固，排球比赛的形式也会逐渐丰富，参与排球运动的人群也会增加，各普通高校体育专业招生的质量也将得到改良，体育学院排球队竞技能力的提升也就不言而喻了。因此，坚持改革竞赛制度是解决我国高校体育学院排球队比赛过少、竞技能力偏低的必要方法。

(五) 丰富学习途径，改善训练效果

竞技能力提升不但需要坚持不懈的专业技能训练，更离不开科学合理的理论指导。在对我国普通高校体育学院排球队各阶层学习现状对竞技能力的影响分析调查中显示：各院校管理者、教练员和运动员等大部分学习途径相对比较单一，管理者少有参与专业学习和培训，教练员多依靠自学和不定期求教专家，运动员的学习也局限于教练员的传导及教师授课。这样的学习途径要想掌握先进的专业理论来积极指导实践，不得不让我们对球队的竞技能力提升空间产生质疑。一支优秀排球队的发展不但需要教练员与运动员对专业理论进行探索和实践，同时也需要管理者的积极辅助和引导。作为排球运动参与者自身，我们更需要努力学习，不断加强自身建设，提升专业能力，其一般途径有：①广泛阅读本学科书籍；②积极摘取网络信息；③及时查阅较新文献；④积极参与相关会议；⑤多方听取成

果报告；⑥常与专业人士聊天；⑦观看各项排球比赛；⑧主动翻阅报纸、杂志。而作为拥有体育专业的普通高校更应通过各种途径来巩固自身学科建设，提升相关人员理论水平，为排球队竞技能力的提升奠定基础，为此有以下建议：①在不影响工作的情况下派遣相关人员前往专业能力较强的高校在职进修；②学校或学院出资鼓励相关人员积极报考培训班，提升专业理念；③学院定期邀请专业内不同专家做学术报告；④学院积极促导教师或运动员赴其他学院进行交换学习。参与者学习途径得到丰富，其自身专业能力就会得到巩固发展，这也会有效地促进排球队的良性发展，使得相关新兴理论和技术得到快速传播。在掌握先进理论知识的基础上，教练员和运动员对本运动认识层次就会提高，这又对专项技术的学习和掌握起到积极的促进作用。因此，丰富学习途径是改善训练效果，提升排球队竞技能力的必要途径。

(六) 坚持全面发展，技术有所专精

所谓全面发展，不再是停留在排球运动技术层面的单因素均衡提升，它还包括体能、战术、心理和智能等影响竞技能力的各因素共同发展。甘肃省普通高校体育学院的各支排球队要想在比赛中脱颖而出，就得在平时训练过程中对影响竞技能力的各因素进行全面强化。随着现代竞技排球的发展趋势，一支优秀排球队的建设对运动员的要求也更加苛刻，首先，不但要求运动员自身要具有良好的专项技术基本功，且基本单项技术需在实战中无明显短板；其次，对运动员身体天赋的奢求度也不断提高，在具备超强的个人运动能力的基础上运动员体能素质也需过硬，能顺应现代竞技排球比赛超高强度和负荷的发展需求；再次，运动员个人要拥有良好的战术能力以协作团队，能充分执行教练员的战术意图并积极配合队友完成相关战术实施以争取比赛主动，于此，还要求运动员心理素质必须过硬，能够承受比赛超强对抗下产生的各种心理压力，积极调整自身的不良状态和情绪，充分展示自我，感染全队；最后，运动员还需具有异于常人的运动智能，能在比赛之中合理采用各种手段和方法争取个人或团体的进攻主动性，以自身能力承载疏导球队，获取比赛的最终胜利。在球队竞技能力各影响因素获得全面发展的同

时结合运动员固有技术和性格特征强化技术因素单项，努力做到在技术层面的全面发展有所专精。运动员只有充分结合自身性格特征展示自我，才能做到技战术层面的能攻善守，能扣会拦，攻防兼备，同时又掌握绝招，有所专精，才能进可以攻，退可以守，攻有章法，守不乱阵，多乘“敌”隙，少被“敌’乘，立于主动不败之地。总之，由于近些年来我国竞技排球的快速发展，所以使得受各方面制约较大的甘肃省普通高校体育学院排球队夹缝求生，为此要想获得良好的竞技排球运动生机，各球队必须在全面提升球队整体竞技能力的同时促进球队打法和个人技术都有所专精，这也要求运动员必须全面掌握、形成特点、不断创新、有所前进才能适应竞技排球实战需求，迎合比赛的需求。

第八章　排球运动的可持续发展

第一节　中国排球运动可持续发展理论

一、可持续发展理念

(一) 可持续发展思想的产生和发展

可持续发展的思想，萌芽于20世纪60年代末70年代初，在80年代形成了理论体系，确立于90年代初。

可持续发展思想产生的直接原因是人类受到自然资源的不断减少和生态环境恶化的威胁。发展是人类社会永恒的主题。社会的发展、人的全面发展都是以经济的发展为基础的。而任何生产都必然涉及人与人的关系和人与自然的关系。在人类之初以及在人类生产能力还不是很高的漫长的历史过程中，人们不断向自然索取的生产活动并没有危及环境，由于这种索取还保持在自然生态系统所能容纳的限度内，因此人与自然的关系还是处于和谐的状态。而随着现代工业的产生与发展，一方面是人们的生产能力大大增强，导致自然资源的大大减少；另一方面是人口的增加及工业发展造成大量的严重污染，这两方面的因素交互作用，破坏了自然生态系统，使人与自然环境的关系出现了不协调，以至于形成矛盾，这种不断积累的矛盾在第二次世界大战后渐趋于恶化，频繁的自然灾害，使人类自身的生存受到严重威胁，人类为自己的行为而付出高昂的代价。在对环境危机进行痛定思痛的反思中，人们逐渐意识到，在人口增长，人类生产能力已经发展的今天，必须自觉遵守自然规律，协调人与自然的关系。于是在20世纪60年代末70年代初萌生了可持续发展思想，在这一时期，《寂静的春天》《只有一个地球》《增长的极限》等经典著作起了非常重要的积极作用。

由美国生物学家卡逊夫人写的《寂静的春天》是1962年出版的，这是世界上

第一部产生广泛影响的环境科学的著作。书中深刻揭露了工业文明带来的严重后果，尤其是滥用农药造成对人体、对生物的严重危害。作者用生动的语言描述了本来生机盎然的春天现在变得寂静了，指出由于环境污染导致自然生态系统的失衡及其对人类社会造成的影响。这本书向陶醉于征服自然胜利中的人类敲响了警钟。

《只有一个地球》是英国经济学家 B·沃德和美国微生物学家 R·杜博斯为联合国人类环境会议提供的背景材料而写的。写作过程中得到由 58 个国家的 152 位专家组成的通讯顾问委员会的协助与支持。该书以整个地球的前途为出发点，从社会、经济、政治的角度研究环境问题的。

1972 年米多斯等人的《增长的极限》则是从另一角度研究并向世人提出了生态环境问题的。它指出了在资源存量已基本查清和技术进步具有两重性作用的假定前提下，人类的发展已面临困境，由此得出的结论是人类必须控制增长。如果说前两本书只是揭示了人与自然的矛盾，呼吁人类要善待自然，重新审视自己与自然的关系的话，《增长的极限》则以上述两个假定为前提，指出了经济增长与资源环境的矛盾：“如果在世界人口、工业化、污染、粮食生产和资源消耗方面按现在的趋势继续下去，这个行星上增长的极限有朝一日将在今后 100 年中发生。最可能的结果将是入口和工业生产力双方有相当突然的和不可控制的衰退。”该书还提出解决矛盾的思路：均衡发展，“改变这种增长趋势和建立稳定的生态和经济的条件，以支撑遥远未来是可能的。全球均衡状态可以这样来设计，使地球上每个人的基本物质需求得到满足，而且每个人有实现他个人潜力的平等机会”。

上述三本经典之作的出版，标志着环境科学这一新的学科的产生和生态科学的深入发展，这同时也是可持续发展思想的产生过程。由此可见，可持续发展思想与生态科学、环境科学之间有其密切的内在联系。

在第二次世界大战后，生态环境问题已成为全球的普遍问题，这在发达国家和发展中国家有不同的产生原因和表现形式。在发达国家，经济的高速增长不仅消耗了大量的自然资源，而且由于工业的发展造成了严重的污染问题。而在发展中国家，人口增加对自然资源产生巨大的压力，加上经济落后，资源利用效率低下，因此导致人与自然资源关系的恶化。在这样的历史背景下，关注环境的专门组织——罗马俱乐部于 60 年代末宣告成立。

面对日益突出的生态环境问题，瑞典政府于 1968 年提议召开联合国关于人类环境问题的大会，并建议在斯德哥尔摩召开。这一建议得到联合国的同意，并于 1970 年正式开始筹办，要求各与会国提供该国的生态环境状况报告，概述其森林、水、农田等自然资源的状况。两年后，会议在斯德哥尔摩歌剧院召开(1972 年 6 月 5 日)，共 113 个国家、地区的代表参加。这是人类历史上第一次有政府代表参加的研究生态环境问题的国际会议。尽管在这次会议上，每个国家对于环境问题的意见分歧很大，特别是发达国家与发展中国家之间的意见尖锋相对，这次会议的意义仍是十分重大的。在这次会议上，发达国家和发展中国家都充分发表了各自的意见。发达国家认为，人口过剩是污染、自然保护的最主要问题；而发展中国家则认为，贫困是环境破坏的首要原因，因此要解决环境问题，首先是解决贫困，解决环境问题不能影响经济的发展，印度的英•甘地说："贫困是最大的污染者。"经双方的激烈争论，会议最后还是达成了共识：必须保护环境，经济才能持续下去；发展要以环境保护为基础。同时这次会议还取得以下两个成果：一是生态环境问题被列入世界各国的议事日程，各国进行了大量的宣传，使环境问题得到社会各界的共同重视，这也为生态环境问题的解决提供了良好的社会基础；二是会议决定成立联合国环境规划署，负责执行大会达成的协议，规划署采用"只有一个地球"作为徽标。

这次会议后的 10 年，生态环境问题虽得到世界各国及社会各界的共同关注，但实际收效却不大，世界范围内的生态环境恶化的势头并未得到有效的遏制。究其原因，是未能找到解决问题的正确思路和途径。采取极端的、非此即彼的方法与途径，是不能解决环境与经济这一矛盾的，必须探讨新的思路、寻找一种新的途径与方法。为此，联合国于 1983 年决定成立环境与发展委员会专门负责这一工作，制定跨世纪的长远发展战略，协调人与自然环境的矛盾，实现持续的协调发展，并组织专门班子进行专题研究，为制定这样的发展战略准备背景材料。这个专门班子就是由挪威首相布伦特兰德夫人主持的特别委员会。1983 年 12 月联合国秘书长召见她，委托特别委员会探讨环境与发展问题。经 4 年研究，于 1987

年提交了《我们共同的未来》的研究报告，该报告给可持续发展的概念以科学的内涵，详细论证了为了人类的共同未来，环境与发展是必须协调一体化的，也只有协调一体化，才能有持续的发展；另一方面也论证了这一协调的可行性，这种可行性不仅存在于发达国家，也存在于发展中国家。并指出，在保证共同的未来持续发展上，发达国家负有更大的特殊责任。

《我们共同的未来》一书提出并论证的可持续发展概念、基本思想，在1992年环发大会上得到各国的认同，从而上升为由各国政府参加的共同行动。在《我们共同的未来》问世之后，如何协调环境与发展的矛盾便成为人们进一步关注的热点问题，因此联合国于1989年12月决定召开由各国政府首脑和非政府机构共同参加的环境与发展大会，会议于1992年在巴西的里约热内卢召开。在这次会议上通过了《里约热内卢环境与发展宣言》和《21 世纪议程》，将可持续发展概念和理论付诸行动，并对“可持续发展”提出了补充：一部分人的发展不能损害另一部分人的条件。同前次的环境大会不同，这次会议关注的重点不再是生态环境，而是发展，是经济与生态环境共同的协调发展，通过发展对环境产生积极的影响，通过发展模式的转换，通过改变经济运行方式、生活方式与发展过程的管理，来引导环境向良性方向转变。只有这样，由发展带来的环境问题才能得到解决，这种建立在与环境协调基础上的发展，正是可持续发展的本质内涵。

显然，在经济发展与环境保护的关系上，存在着两种截然不同的极端观点。一是强调保护不讲发展，强调为了保护而必须停止发展，实行“零增长”或“负增长”，这是以国际自然保护联盟为代表的一派的观点；另一种倾向则是以传统的经济学观点为代表，他们以资源无限和环境不存在为前提，主张不受限制的增长，这种观点是建立在人类对自身的能力过分自信的基础上，认为人类的能力随着科技进步而不断增强，道高一尺，魔高一丈，车到山前必有路，在资源耗尽之时，人们就有能力发现新的能源和治理环境。这些都与可持续发展观不相容。

综上所述，可持续发展思想虽由环境问题而产生，但问题的关键却在发展上，这一思想的产生过程是人们对环境问题认识不断深化的过程，是人们从关注环境到关注发展的认识转变过程，是从单纯保护环境到寻求解决环境问题途径的思想转变过程。正是在这样的转变过程中形成了可持续发展的思想。

(二) 可持续发展的含义

在可持续发展思想形成与发展期间，不同的学科从不同的角度给予它以不同的概念："生态发展""合乎环境要求的发展""在无破坏情况下的发展""连续的发展""持续的发展""环境合理的发展"等，一直到1992年的联合国环境与发展大会，才得以统一为"可持续发展"的概念。

不同学科对可持续发展的不同定义：

1．从生态、资源和环境保护角度的定义

1991年，国际生态学联合会(INTECOL)和国际生物科学联合会(IVBS)联合举行的有关可持续发展的专题研讨会给出的定义为：保护和加强环境系统的生存与更新能力。

美国生态学家R.T.Forman认为可持续发展是寻找一种最佳的生态系统和土地利用的空间构形以支持生态的完整性和人类愿望的实现，使一个环境的持续性达到最大。

显然从生态学的角度定义的可持续发展侧重于生态环境的保护。

2．从经济学角度定义的可持续发展

经济学家们将经济发展视为可持续发展的核心内容。在《经济、自然资源、不足和发展》中，巴比尔指出可持续发展就是："在保护自然资源的质量和其所提供服务的前提下，使经济发展的净利益增加到最大限度。"同样，英国的经济学家皮尔斯和沃福德在《世界无末日》中，以经济学术语表明了可持续发展是既能够保证当代人的福利增加，同时也不应使后代人福利减少的发展。

然而也有一些经济学家认为可持续发展是可以无期限地进行下去，并且不会减少所有资本存量的消费数，这其中包括各种自然资本。他们还指出，生态系统是比人类经济系统更加动态的系统，但是在正常条件下变动却比较缓慢，可持续发展就表明了这两种系统之间的关系。随后，世界银行在其发布的《世界发展报告》中将可持续发展定义为：通过比较成本效益和审慎的经济分析，制定发展和环境强化自然环境保护力度，增加人类的福利，提高可持续发展的水平。

3．从技术角度定义的可持续发展

有一些学者们将技术选择因素引入可持续发展的定义，认为可持续发展就是要创造或建立产生极少废料和污染物的工艺或技术系统，污染不过是污染物处理的技术差和效率低下的外在表现，而不是人类生产和工业活动的直接结果，并且主张发达国家应在技术上给发展中国家予以支持，加强合作关系，缩小他们之间的技术差距，最终提高发展中国家的经济发展能力。也有观点认为，可持续发展应该通过加强自然环境系统自身的生产更新能力从而使环境资源不会减少，以这一条件为前提促进经济的持续发展和人类生活质量的提高。

4．对可持续发展的定义

关于什么是可持续发展，尽管目前在学术上还有不同的认识，但公认的概念是 1987 年《我们共同的未来》报告中提出的定义："既满足当代人的需要，又不对后代人满足其需要能力构成危害的发展。它包括两个重要的概念：'需要'的概念，尤其是世界上贫困人民的基本需要，应将此放在特别优先的地位来考虑；'限制'的概念，技术状况和社会组织对环境满足眼前和将来需要的能量施加的限制。"这一定义既强调满足当代人的发展需求特别是穷人的发展需求，又强调当代人的发展应该是节制的、健康的，不能损害后代人满足基本需求的能力。1996 年，我国国务院办公厅在《关于进一步推动实施〈中国 21 世纪议程〉意见的通知》中对可持续发展作了这样的定义："可持续发展就是既要考虑当前发展的需要，又要考虑未来发展的需要，不要以牺牲后代人的利益为代价来满足当代人利益的发展；可持续发展就是人口、经济、社会、资源和环境的协调发展，既要达到经济发展的目的，又要保护人类赖以生存的自然资源和环境，使我们的子孙后代能够永续发展。"这一概念不仅指出了发展的时间延续性——既考虑当代发展需要又考虑未来发展需要，又指出了发展的空间多维性——经济、社会与生态协调发展。

可持续发展内涵丰富，其所包含的发展时间既包括当代也包括后代，是人类世世代代的永续发展。可持续发展所包含的发展空间是谋求全球性经济和全人类的可持续发展。可持续发展应该是生态持续、经济持续和社会持续发展，其中生态持续是基础，经济持续是条件，社会持续是目的，它们是互相关联、不可分割的关系。

可持续发展是一种新的人类生存方式，贯彻可持续发展战略要求形成一些基本的思想规范和行为原则：

(1) 公平性原则。可持续发展所要求的公平性原则包括三层含义：一是代内公平。全人类都有公平的生存和发展的权利，不同的人群在追求发展时不应该损害其他人群满足需要的能力。二是代际公平。当代人在发展与消费的同时，应当努力做到使后代有同等的生存和发展机会，本代人不能为自己的需求和发展而损害后代人赖以生存的自然资源和环境。三是公平利用资源。各人群要摒弃自我中心主义，以人类的整体利益和长远利益为大局，合理审慎地使用自然资源，使人群内的个体、群际间的群体都能公平地使用资源。

(2) 持续性原则。持续性原则的核心是指人类的经济建设和社会发展不能超过自然资源和生态环境的承载力。《我们共同的未来》报告中明确提出“可持续发展”包括“需要”和“限制”两个概念，可持续发展主张建立在保护地球自然系统基础上的发展，因此发展必须要有一定的限度，要以不损害支持地球生命系统的大气、水、土壤、生物等为前提，地球不能超载运行，否则自然生态系统与人类发展都将不可持续。

(3) 共同性原则。共同性原则强调可持续发展是全社会、全人类的大事，需要每个人、每个组织的参与。一些经济活动导致的生态环境影响是跨国性的，这就需要国际联合行动来解决生态环境问题。在保护地球生态环境的共同行动中，各国都要从“人类整体利益”的高度，实现全球的可持续发展。因世界各国历史、文化、发展水平存在差异，可持续发展的具体实施方式也是多样的。但可持续发展作为全球发展的总目标，所体现的公平性和持续性原则是共同的，并且，实现这一总目标，必须采取全球共同的联合行动。当然，共同性原则并不等于各国对全球环境问题承担同样的责任。

5．理解可持续发展思想的要点

(1) 可持续发展思想产生的直接导因是工业化后的人类所面临的严重的环境危机，因而环境污染和资源的枯竭是可持续发展思想产生的起点，也是始终不变的关注点。

(2) 因环境问题而产生的可持续发展思想，其真正的落脚点、着眼点却是发展。其一，发展是人类社会永恒的主题，严峻的环境问题之所以成为“问题”，是因为它制约了人类社会的发展，制约了人自身的发展；其二，资源与环境问题产生的原因也与发展有关，是不当的发展方式带来了环境问题；其三，环境问题既是由发展产生，那么解决环境问题的根本也在“发展”上，在于转变发展方式上；其四，可持续发展思想必然十分重视资源的节约和环境的保护，但这种保护不是为保护而保护，而是强调为了更好地发展而保护环境，并且是强调通过发展来保护环境的，如果单纯地就环境问题论环境、进行单纯的保护，是不能真正解决环境问题的。所以，可持续发展是从发展的角度来关注环境，并且是从转变发展模式这一根本上来解决环境问题的。

(3) 事实上，可持续发展思想的形成过程经历过从单纯地关注环境，到为了发展、从发展的角度来关注环境，来解决环境问题的历史性转变过程，也正是由于这一转变，可持续发展思想才能成为全球的共识，并最终上升为世界各国政府的发展战略，逐渐付诸实践。

(4) 可持续发展强调的是协调，是社会、经济、自然生态的协调发展，是建立在人与自然的和谐关系基础上的发展。因为经济是人类自身发展和社会持续发展的物质保障，而人类在不断发展经济的过程中又会对大自然对人类生活在其中的生物圈施加影响，对自然生态系统进行人为的干预。当然这种影响和干预必须遵循客观规律，必须保持在一定的限度内，以不破坏自然生态系统的结构和功能为限，这样才能保持人与自然之间的协调关系，才能实现整体的协调的发展。因此可持续发展是以人力资本、物质资本和生态资本这 3 种资本的持续与协调的发展为内容的。

(5) 可持续发展战略实际上是一种权衡或妥协，是人类社会发展到一定程度上出现的环境保护与经济发展之间的矛盾的产物，是矛盾双方相互妥协的结果。

综上所述，可持续发展是一种整体发展观，它的实质是人与自然、是经济与生态环境的协调发展，是人力资本、物质资本和自然资本的协调发展。

二、中国排球运动可持续发展的概念及其含义

（一）中国排球运动可持续发展的概念

根据前面对可持续发展理念的要旨及其启示的分析和探讨，本研究认为中国排球运动的可持续发展是指：为使排球运动能够长期持续、健康和稳定发展而从数量、质量和时间三个维度上对其系统结构和要素进行综合调控的目标及其过程。

这个概念包括了以下含义：

第一，中国排球运动可持续发展的根本目的及目标是使排球项目能够随社会的发展和进步而在数量、质量和时间维度上和谐发展，不断提高自身的可持续发展能力，满足人们对排球运动的需要。

第二，中国排球运动的可持续发展不以人们的主观意志为转移，受一定因素及条件的影响和制约，有自己独特的逻辑层次、组成要素和系统结构。

第三，实现中国排球运动可持续发展的根本途径和过程，就是从数量、质量和时间三个维度上对其系统结构和要素进行综合调控。

（二）中国排球运动可持续发展的特点

“特点”指人或事物所具有的独特的地方。由于特点总是在与其他事物的比较中存在的，因而探讨排球运动的可持续发展特点首先要选择合适参照系。本研究认为，探索排球运动可持续发展的特点应从两个角度着眼：一是在社会活动这个大参照系里面，排球运动作为一项具有体育运动一般特点的社会文化活动，将其可持续发展与其他社会活动的可持续发展相比较；二是在体育运动这个小参照系内，排球运动作为一个具体的体育运动项目，将其可持续发展与其他相关体育项目的可持续发展相比。由此，本研究认为中国排球运动的可持续发展具有如下

一些特点：

第一，与物质生产等社会活动相比，排球运动可持续发展是在人们已经获得了对基本生存需要的满足的基础上进行的，因此其目的不是满足人们的基本生存需要，而是满足人们对于参与和欣赏排球运动的需要，为人的全面发展和社会的全面进步服务：

第二，与经济等社会活动相比，排球运动的可持续发展不直接与自然资源、环境和生态保护发生联系，它的“环境”制约条件不是“自然资源的存量”，而是“一定社会时期的政治、经济、文化和教育等的发展水平和状况”。中国的排球运动要持续发展，就不能超越现实阶段中国政治、经济、文化和教育等的发展水平及其承载能力的限制。

第三，与同为“三大球”运动的足球和篮球运动相比，排球运动蕴涵着包容、协作和团队精神等文化、教育价值，并且在竞技场上有过攀登世界顶峰的辉煌经历，而其普及程度和市场规模却不如这两个项目，因此中国排球运动可持续发展的现实条件、发展前景和发展道路将有别于足球和篮球运动的可持续发展。

(三) 中国排球运动可持续发展的基本原则。

中国排球运动的可持续发展应遵循以下三条基本原则。

1. 坚持中国开展体育运动的目的

中国开展体育运动的根本目的是增强人民体质，提高体育运动水平，促进社会主义物质文明和精神文明建设。作为一项具体的运动项目，排球运动是实现中国体育目的的现实载体之一，国家通过扶持和发展排球运动为实现国家的体育目的服务。因此，中国排球运动的可持续发展必须遵循坚持中国开展体育运动的目的这一基本原则，否则就背离了国家开展这项运动的意义，也会使项目的发展失去明确的方向。

2. 顺应中国体育改革的方向和发展趋势

近年来，随着中国经济体制改革的深入进行，中国体育也出现了向社会化和产业化方向发展的趋势。处在这样一个时代背景下，排球运动在发展的过程中只有努力加快自身的改革步伐、与中国体育改革的方向和发展趋势保持协调一致，才有可能迎来项目自身的持续发展。

3．遵循排球运动自身的发展规律

任何体育运动项目都有其自身的发展规律，中国排球运动在过去几十年的发展过程中，积累了对排球运动发展规律的丰富认识，这是一笔宝贵的财富。在新的历史时期，中国排球运动要想实现可持续发展，就必须努力创新和进取，不断探索新的形势下排球运动发展的新规律、新特点，严格遵循排球运动自身的发展规律。

(四) 中国排球运动可持续发展的系统结构

系统作为一门横向交叉科学的名称被赋予确定的学术含义，是20世纪40年代的事情，但由于系统科学是一门新兴的交叉科学，因此关于系统一词的含义有各种不同的提法。系统(system)一词源出古希腊语，有“共同”和“给以位置”的含义。系统论的权威学者奥地利生物学家L·V·贝塔朗菲(Von Bertalanffy，L，1968)认为，“系统”是“相互作用的诸要素的综合体”。中国学者钱学森认为：科学系统论的运用，什么都是一个系统，而且有一个结构。而这个结构之中存在着相互作用”。在WEBSTER大词典中，“系统”被定义为“有组织的或被组织化的整体；结合着整体所形成的各种概念和原理的综合；由有规则的相互作用、相互依存的形式组成的诸要素集合等等。”在中国2002年版的《现代汉语词典》(汉英双语)中，“系统”被解释为“同类事物按一定的关系组成的整体。”

结构是系统的构成要素在时空连续区上的排列组合方式和相互作用方式，是系统构成要素的组织形式和秩序。结构是系统诸要素有序化的直接形式，组成部分、时空秩序和联系规则构成了结构的三要素。系统的不同往往并不是由于其组成部分即构成要素的不同，而是由于这些要素的排列组合方式的不同。相同的要素可以组成不同的系统，犹如相同的词汇可以组成不同的文章。结构是系统固有的属性，微观、宏观和需求，对于扩大内需、拉动经济增长，实现现代化建设发展目标，有着明显的推动作用。转变体育的管理体制、促进体育的社会化和产业化的大力发展，已经成为新时期中国体育事业改革和发展的新趋势。顺应时代的发展趋势和潮流，中国排球项目近年来也积极开展了产业化发展的尝试。经过几年的探索和实践，中国排球协会通过对全国排球联赛、国家队的商业赞助、国际商业性赛事等项目的开发。在市场经济条件下，排球项目的产业化发展状况直接关系到排球运动的可持续发展。

从项目自身的发展需要看，排球运动要想获得持续、健康、稳定的发展，就必须在竞技运动水平、群众普及程度和产业开发方面得到全面发展。因为竞技水平、群众普及和产业开发这三个方面是相辅相成、互相联系和紧密配合的：良好的群众普及基础是提高排球运动竞技水平和扩大排球产业开发规模的物质基础；较高的排球运动竞技水平可以为吸引更多的人参与排球运动和提高排球产业开发效益做出积极贡献；而产业开发效益的提高则为排球运动的群众普及和竞技发展提供资金上的保障。这是新的社会发展形势下排球运动发展的内在、本质和必然的要求。

综合上述从中国开展排球运动的目的和全面建设小康社会的目标、中国体育改革与发展的趋势以及新时期排球运动发展的内在需要这三个角度所做的分析，本研究认为：中国排球运动可持续发展系统包括竞技排球运动、群众排球活动和排球产业开发三个子系统；竞技排球运动、群众排球活动和排球产业开发三个子系统在发展度(数量维)、协调度(质量维)和持续度(时间维)三个维度上的互相联系、互相作用构成了中国排球运动可持续发展的系统结构(图 8-1)。

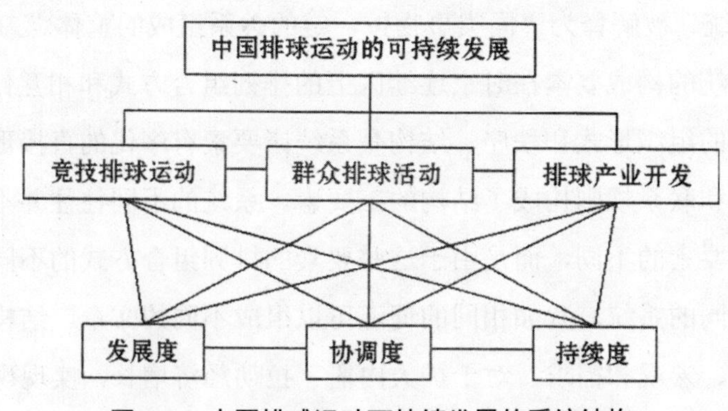

图 8-1　中国排球运动可持续发展的系统结构

(五) 中国排球运动可持续发展的本质和内在机理

“发展度、协调度、持续度”的互相联系和互相作用，将可持续发展从“数量、质量、时间”这三个维度上有机地统一起来，从根本上表征了可持续发展战略目标的完满追求，充分体现了可持续发展的本质特征。对于中国排球运动的可持续发展这样一个有机系统来说，“发展度、协调度、持续度”的“三维”统一理论也是适用的。

本研究认为，中国排球运动可持续发展的本质和内在机理就是竞技排球运动、群众排球活动和排球产业开发三个子系统在发展度(数量维)、协调度(质量维)和持续度(时间维)这三个维度上的和谐统一。发展度表征了中国排球运动随社会的发展而在竞技排球运动、群众排球活动和排球产业开发方面出现的数量变化；协调度表征了中国排球运动随社会发展而在竞技排球运动、群众排球活动和排球产业开发方面出现的结构和比例关系等方面的变化，它反映了数量变化的健康程度；持续度表征了中国排球运动随社会发展而在竞技排球运动、群众排球活动和排球产业开发方面的变化稳定性，它反映了排球运动的管理体制和运行机制的合理性程度。

第二节　中国排球可持续发展的思路与措施

一、中国排球运动可持续发展的总体思路

竞技排球运动、群众排球活动和排球产业开发三个子系统在发展度(数量维)、协调度(质量维)和持续度(时间维)这三个维度上的和谐统一，是中国排球运动可持续发展的本质和内在机理。发展度表征了中国排球运动随社会的发展而在竞技排球运动、群众排球活动和排球产业开发方面出现的数量变化；协调度表征了中国排球运动随社会发展而在竞技排球运动、群众排球活动和排球产业开发方面出现的结构和比例关系等方面的变化，它反映了数量变化的健康程度；持续度表征了

中国排球运动随社会发展而在竞技排球运动、群众排球活动和排球产业开发方面的变化稳定性，它反映了排球运动的管理体制和运行机制的合理性程度。而实现中国排球运动可持续发展的根本途径和过程，就是从数量、质量和时间三个维度上对其系统结构和要素进行综合调控。

中国改革开放的总设计师邓小平同志在其革命理论和实践生涯中，一直非常重视制度问题，重视制度分析，更注重从制度上解决实践中存在的问题。邓小平同志认为，“制度”作为一个体系是由根本制度、体制和规章制度三个层次构成的。所谓社会的根本制度，主要是指对生产资料占有方式、分配方式和政权性质等方面的规定，它是就整个社会形态而言的社会制度，中国社会的根本制度是社会主义制度。体制作为社会制度的一个层次，是对社会运行方式和机制的规定，是指一定的社会根本制度的具体实现方式、结构方式以及为其服务并使其正常运作的运行机制、调控机制和管理体系。规章制度是指各个社会组织或具体工作部门对其工作成员所规定的组织纪律、行为模式、岗位职责、办事程序和奖惩办法等“制度创新”，在制度学派的文献中常被视为“制度变迁”“制度发展”的同义语，用以表达“制度创立、变更及随着时间变化”的动态过程。美国学者熊彼特则把“制度创新”定义为“用一种效益更高的制度来代替另一种制度的过程”。邓小平同志在指导建设有中国特色的社会主义的伟大实践中，形成了自己比较独特的制度创新观，他认为：中国的制度创新侧重层次不在于社会的根本制度层次，而在于体制制度层次，但这种创新不是小打小闹、小修小补，而是一场革命，即体制革命是中国制度创新的实质。

因此，从根本上讲，促进和推动中国排球运动可持续发展的总体思路应该是：通过制度创新进一步深化排球运动管理体制的改革，促进项目运行机制的转换。具体来说就是，逐步建立起符合现代排球运动发展规律的国家调控、依托社会、自我发展、充满生机与活力的排球运动管理体制和良性循环的运行机制，运用制度保障和机制激励来促进竞技排球运动、群众排球活动和排球产业开发在发展度、协调度和持续度三个维度上协调发展，从而最终实现中国排球运动的可持续发展。

二、中国排球运动可持续发展的主要措施

(一) 排球运动管理中心加快改革，提高排球管理效率

1997 年 11 月 24 日，作为国家体育总局承担排球运动管理职能的事业单位及中国排球协会的常设办事机构的中国排球运动管理中心正式挂牌成立，这标志着中国排球运动管理体制改革迈上了一个新的台阶。然而，当前排球运动管理中心工作职能上存在的“管”“办”结合的计划经济时代的特征，使其很大一部分精力用在了对一些具体活动的操办上，不能充分发挥其对全国排球运动开展的监督、指导等管理工作。国家体育总局在《体育改革与发展纲要》中指出，今后要“继续推动协会制改革，在进一步完善中国运动项目管理体制和运行机制的基础上，逐步建立具有中国特色的协会制，使协会逐步成为自主决策、自我管理、自我约束、自负盈亏的社团法人。各地要根据本地实际，分期分批进行协会实体化改革。

根据和党和国家制定的事业单位管理体制改革原则和国家体育总局关于运动项目管理体制改革的有关精神，排球运动管理中心应当不断转变既“管”又“办”的工作职能，逐步向只“管”不“办”的单项协会实体方向改革和发展。只有这样才能使其专注于项目的管理工作，充分发挥其作为单项协会对全国排球运动开展情况的监督、检查和指导作用。由于中国体育改革的步伐还较慢，这种转变不可能一步到位，需要一个相应的过渡阶段。在现阶段，可以将一些相对次重要和不重要的事务性工作以有偿方式委托给一些具备条件的基层机构、社会组织、甚至个人来承办，而管理中心则只承办相对最重要的事务性工作，以此来减轻大量事务性工作对管理工作的冲击。经过一定时间的过渡后，可以在条件成熟时将重要的事务性工作以临时招标或长期合作等形式委托给信誉好、效率高的社会组织或机构去承办，从而使排球运动管理中心从包办大量繁杂的事务性工作中彻底解脱出来，专心行使排球协会统一组织、指导全国排球运动发展的职能，提高管理效率。

(二) 充实地方排球协会组织，加强基层群众性排球组织建设

根据 2001 年 7 月 30 日中国排球协会第六次会员代表大会第二次全体会议通

过的《中国排球协会章程》的规定，中国排球协会的业务范围是“根据国家的体育法规和有关方针政策，以及国际体育组织的有关规定，统一组织、指导全国排球运动的发展，推动项目的普及与提高，促进亚洲和世界排球运动的发展”，“指导、协调全国青少年和群众性排球活动的发展”则是中国排球协会青少年发展委员会的工作职责之一。然而，目前中国仅有少数省市的协会组织比较健全，配备了一定数量的专兼职工作人员，发挥了较好的作用，多数省市的协会组织只有一个空架子，还没有“实”起来，还有个别省市的协会组织尚未建立起来。中国排球协会及其相关业务部门是组织和指导中国排球运动发展的法定组织，是推动中国排球运动开展的领导力量。然而，由于地方大多数省市及其以下的各基层组织建设工作的滞后，中国排球协会的各级组织还没有充分发挥其对中国排球运动的组织和指导职能。因此，今后必须大力加强省市及其以下的基层排球协会的组织建设和完善工作，充分发挥各级排球协会对排球活动的组织和指导、监管职能。

当前，中国群众体育工作的改革正努力朝着由体委统一领导，各部门、各行业具体负责，进一步促进社会化发展。的既定方向前进，各部门、各行业的群众体育组织将在未来中国群众体育活动中发挥越来越重要的作用。为了能够推动和促进中国群众排球活动的可持续发展，中国排球协会及其各级基层组织在认真抓好本部门的组织建设工作的同时，还应通过发展业余俱乐部等形式加强基层群众性排球组织的建设工作，调动这些群众性排球组织在开展基层排球活动中的积极性，发挥他们在基层排球活动中的组织和领导作用，经常开展多种形式的群众性排球活动和竞赛，在全民中掀起群众排球活动的热潮。

(三) 坚持职业化改革，加强俱乐部制度建设

1. 促进专业运动队的改制，走职业化改革之路

在计划经济体制下，优秀排球运动员从进入专业运动队到退役一切都由国家包揽的，退役后他们被局限在狭窄的行业和狭小的地域空间内，只能按照特定的模式参与所在省市社会资源的分配。改革开放后，随着中国市场经济体制的逐步

确立，整个社会按照市场规律配置资源的比例也在逐步加大，使得资源的竞争日益激烈。在这种形势下，单纯依靠行政手段安置运动员的路子越走越窄，较高的运动员年淘汰率和较低的待分配运动员安置率之间的反差，成为所有运动员心头一块挥之不去的心病。以 1999 年的情况为例，当年中国共有 148 名优秀排球运动员等待分配，其中新退役的运动员有 38 人，占待分人员总数的 25.7%；当年能够安置好的运动员有 54 人，占待分总数的 36.5%；而在已安置的 54 人中只有 10 人(占已安置人员的 18.5%)能够继续从事体育工作，其他绝大多数的人则必须重新适应新的职业和工作。在巨大的就业压力下，中国很多优秀排球运动员早早就选择了退役找工作。统计数据表明：2002—2003 赛季全国排球联赛中，25 岁以上(含 25 岁)的女运动员占报名参赛女运动员总数的 15.1%，27 岁以上(含 27 岁)的男运动员只占报名参赛男运动员总数的 8.9%。而国际上普遍认为，排球运动员要到 30 岁左右才能进入真正的成熟期，才能对排球运动的本质有比较透彻的理解，进入 2002 年世界男排锦标赛八强的阿根廷队场上队员平均年龄 32 岁，最大的达到 39 岁。从中国排球联赛优秀排球运动员的年龄结构和国际上对排球运动员成熟期的这种共识来看，中国是在优秀排球运动员总量原本就不多的同时进行着巨大的排球人才浪费。

解决上述问题的根本出路就是促进专业运动队的改制工作，坚持走职业化改革之路，使现在的专业排球运动队最终发展成为职业排球俱乐部。这样做至少可以有如下两个好处：第一，通过参加职业比赛运动员可以不同程度地提高收入，为退役后的生活奠定一定的经济基础。据 2002 年 8 月排球运动管理中心对 105 名女排俱乐部运动员进行的问卷调查显示：实施俱乐部制后，运动员收入提高的有 88 人(占受调查运动员总数的 83.6%)，收入持平的有 14 人(占受调查运动员总数的 13.3%)，收入降低的有 3 人(占受调查运动员总数的 3.1%)，这说明，实施俱乐部制以后，大多数运动员的收入比以前有所提高。这样，即使运动员退役后一时找不到工作也可以缓解所面临的生存压力，从而在一定程度上解除运动员的后顾之忧，延长运动员的运动寿命。第二，职业化体制能促人才交流机制逐步形成和完善，使排球运动员在不同球队之间的流动性增大，从而能够获得在更大的地域和空间参与社会资源分配的机会，有利于扩大退役后的就业机会。

当然，专业排球运动队的改制工作不会是一蹴而就的，在这个过程中需要观念的更新、法制的建设、球市的繁荣等方方面面的工作配合和协调，但专业运动队的职业化改革方向必须坚持。

2. 大力发展俱乐部，加强俱乐部的制度建设

实施俱乐部制，既是排球运动职业化改革的需要，也是发展排球产业、扩大排球市场的必然要求，其根本目标就是最终把目前依附于政府的运动队转变成采用现代企业管理制度的自主经营、自负盈亏、具有独立产权的职业俱乐部。

然而，由于当前中国的宏观经济发展水平还不高，排球市场还处于开拓阶段，绝大多数的排球俱乐部还不可能完全按照市场化的要求运作，而完全依赖政府在现实中也难以行得通。现阶段排球俱乐部的发展必须要在政府大力支持的同时争取社会的广泛参与，充分发挥政府和市场的双重作用，根据各地的具体情况采用赞助、股份制以及体育主管部门与企业联办等多种形式组建排球俱乐部，为排球俱乐部的发展创造有利的上升空间。已经组建的排球俱乐部要在自身的现代企业组织制度和运行机制的建立上下大功夫，逐步完善俱乐部自身的组织制度建设和运行机制的转变，为最终向职业排俱乐部过渡奠定坚实的物质基础。

从现实的发展情况看，中国目前的这种“半职业化”或“准职业化”的排球俱乐部还将在很长一段时间内存在，这是由中国经济发展的大背景和排球俱乐部发展的初级阶段客观决定的。但大力发展排球俱乐部、不断加强俱乐部的制度建设并最终促成专业排球运动队向职业排俱乐部的转变，乃是中国排球运动深化改革的根本方向，绝不能改变。

3. 完善转会制度，促进球员的自由转会和流动

优秀球运动员，尤其是技战术水平高、有特殊人格魅力的明星选手，在排球运动中永远都是球迷关注的焦点，他们的出色表现和明星效应对排球市场的兴衰有着举足轻重的影响，而他们的转会和流动也是媒体不惜笔墨和唇舌炒作的话题。

中国是一个区域经济发展不平衡、各省市排球运动人才资源差距巨大的国家，有些俱乐部经济条件较好但缺少排球人才资源，而另一些则排球人才资源雄厚但经济和其他条件较差，这就为一些优秀排球选手根据自身情况和意愿进行转会和流动提供了客观条件。然而，由于人才流动机制不畅，有些球员即使合乎转会要求最终也会被俱乐部或地方领导以种种理由甚至行政命令强行阻拦，造成缺人的俱乐部转不进球员、多人的俱乐部宁愿把球员放在手里闲着也不让给别人的不合理现象。这就很难调动球员的积极性，既阻碍了良性竞争局面的形成，也不利于俱乐部和球市的发展：

因此，要想使排球运动发展壮大，就应该本着保障俱乐部和运动员合法利益以及有利于排球市场发展的方针，不断规范排球运动员的转会制度和法规，通过完善的法规和制度建设促进排球运动员的有序流动，合理开发排球人才资源。令人欣慰的是，排球管理中心在出台了排球运动员转会的新规定，凡符合下列条件之一者即具备自由转会条件：①在原培养单位俱乐部服役，年龄已满 26 周岁的男运动员，年龄已满 25 周岁的女运动员；②运动员与俱乐部签订协议之日起，一年之内俱乐部未为其办理注册手续的运动员；③在中国排球协会注册后，俱乐部连续两年没有让其参加任何由国家体育总局或中国排球协会举办的正式比赛的运动员；④以正当理由提前终止协议的运动员；⑤由于俱乐部解散(不含俱乐部更名)而不能参加比赛的运动员；⑥已办理正常退役手续的运动员(其注册在办理退役时同时注销)。凡具备自由转会条件的运动员，办理自由转会时，原属俱乐部不得阻拦和故意刁难。这个新规定的出台，标志着排球运动员的转会制度又向前迈进了一大步，对于中国排球运动人才资源的合理开发和流动以及排球市场的进一步繁荣，必将起到积极的推动和促进作用。

(四) 完善教练员岗位培训制度，深化教练员的岗位培训工作

1．不断完善教练员岗位培训制度

各级教练员的业务能力和执教水平，是影响和制约中国竞技排球运动可持续发展的一个重要因素，而对教练员进行定期的岗位培训则是提高其业务能力和执

教水平的一个重要途径。近年来，中国在专业排球教练员的岗位培训工作方面取得了很大发展，已经举办了多期排球高级教练员岗位培训班和若干期的中级、初级岗位培训班，初步形成了分级培训的教练员岗位培训体系，为中国竞技排球运动的发展和提高做出了应有的贡献。然而必须看到，目前中国对业余排球教练员和基层排球师资力量的培训工作重视还不够，还没有形成完善的培训制度。业余教练员与专业教练员都是推动和促进中国排球运动发展的重要力量，在对他们的培训工作上切不可“一手软、一手硬”，必须从教练员岗位培训制度的不断完善上确保不同类别的教练员都能得到有计划的定期培训。

2．继续深化教练员的岗位培训工作

为了不断推动和促进中国排球运动水平的提高，今后要在客观总结已有经验的基础上，从以下几方面进一步深化排球教练员的岗位培训工作。

(1) 以“能力本位”为价值取向切实提高培训内容的实用性。现代的教练员岗位培训，是一种职业定向教育性质的培训，其根本目的在于改善和提高教练员的知识、技能、态度、行为能力和综合素质，使之能愉快地胜任执教工作，达到既定的工作目标。然而，由于受“知识教育”、“学历教育”等传统观念的影响，以往的排球教练员岗位培训内容有时过于强调对学科理论体系完整性的灌输，在一定程度上存在着与教练员的实际工作脱钩的矛盾，教练员被动学习、为资格证书学习的现象较为普遍，不利于调动教练员自主学习的积极性。

为了摆脱传统的“学历教育”观念的束缚，必须以“能力本位”为价值取向来确定培训的内容。所谓“能力本位”，即在培训开始之前事先研究确定该级别排球教练员从事其本职工作所必须具备的知识、技能和态度等方面的要求，再按照这些确定的岗位能力要求组织教学内容进行组织培训，使教练员达到预定的岗位能力要求。然而，以“能力本位”为价值取向的培训模式改革毕竟不仅仅是一次观念上的变革，它还涉及各级别教练员岗位职责标准的制定、培养专题的设置、教学大纲、教学计划和教材的编写等多个环节的配合，需要经过一个反复认识、反复实践、逐步完善的过程。

(2) 采用灵活的培训形式，倡导集体研讨的业务风气。培训形式是实现培训目标的途径和方法，是决定培训效果的重要因素之一。为了适应新形势下排球教练员的岗位培训和继续教育，克服以往培训形式单一、培训时间不合理、培训效果不佳等弊端，首先应将脱产面授(1530 天的培训班，3～5 天的短期培训班、讲座、学术会议、研讨班等)、函授自学、观摩训练和比赛、撰写论文和读书报告等培训形式结合起来，提高排球教练员岗位培训形式的灵活性。排球运动管理中心利用国际排联在上海举办亚洲排球教练员研讨班的机会，组织国内不同级别的教练员聆听来自俄罗斯、美国和荷兰的世界著名教练的精彩授课，就对开阔中国排球教练员眼界、拓宽思路和提高业务能力起到了很好的作用。其次，要在教练员中大力倡导集体研讨的业务风气，在各种不同的培训活动中组织教练员进行集体性的业务研讨，并将业务研讨的参与情况纳入教练员的培训考核中，用集体的智慧和力量为中国排球运动的可持续发展献计献策。

(3) 加大岗位培训工作的政策执法力度。培训内容的实用性和培训形式的灵活性虽然能为深化排球教练员岗位培训工作创造一定的有利条件，但最终能否获得良好的培训效果还取决于是否有得力的政策和法规约束。为此，必须从政策上将排球教练员的培训与使用、晋升和注册工作结合起来，加大排球教练员岗位培训工作的执法力度。中国排球协会组织有关人员制定的《中国排球协会教练员岗位培训管理试行办法》，已于 2002 年 7 月 13 日经中国排球协会第六届委员会执委会第一次会议原则通过，即将于近期下发执行，这必将对深化中国排球教练员的岗位培训工作起到积极的推动作用。

(五) 理顺不同赛事关系，进一步完善排球竞赛制度

完善的竞赛制度，是促进中国排球运动水平提高的基本保障之一。经过这些年的不断调整和改进，中国已初步形成了较为合理的排球运竞赛体系，但在以下一些方面还需进一步加以改进和完善。

1．巩固全运会排球赛的最高地位，理顺全运会与联赛的成绩目标

在近几年的中国排球运动赛制改革过程中，一直有“限制全运会排球比赛参赛队员年龄以加快中国青年排球运动员的成长速度”的呼吁。这种观点认为：由

于各地方体育行政部门在全运会上的利益目标与俱乐部在联赛中的利益目标存在着矛盾，因此应当实行全运会与联赛的相对分离，即全运会排球赛为限制年龄的青年比赛，俱乐部的联赛可以从全运会比赛中选拔后备人才。

全运会排球赛为国内最高水平排球赛事的地位应当得到巩固，限制全运会参赛队员的年龄并不能真正起到协调全运会和联赛这两项赛事关系的作用。客观地讲，各地方体育行政部门与俱乐部的利益目标之间确实存在着矛盾，但这并不能成为限制全运会参赛球员年龄的理由。提出全运会要限制参赛球员年龄提议的根本原因，是近年来中国大部分省市的排球队伍年龄结构不合理、年轻球员数量偏多这样一个现实。由于队伍年龄结构不合理、年轻球员数量偏多，而地方体育行政部门又要在全运会上拿成绩，唯一的办法就是促使全运会排球比赛成为青年队比赛，而且越是年轻球员居多的省市和俱乐部就越是支持全运会排球赛限制参赛球员年龄的提议。更能说明问题的是，个别省市和俱乐部前几年还强烈要求全运会限制年龄，而现在却坚决主张不限制年龄，只因为他们已基本上渡过了队伍的新、老交替期，队伍年龄结构趋于合理，再主张全运会限制年龄就不划算了[川。这些情况表明，各省市和俱乐部大多是从自己的切身利益而不是从排球运动发展的大局来讨论全运会的限制年龄问题的。协调各地方体育行政部门与俱乐部在全运会和联赛上的利益矛盾的根本出路，是采取有效措施促使各省市和俱乐部合理调整自己球队的新、老交替问题，如果各省市和俱乐部能使自己的队伍始终保持一个合理的老、中、青球员比例，就能够在全运会和联赛上做到成绩目标的兼顾，也有利于自己队伍的稳定和成长。而要想使各省市和俱乐部时刻注意对自己队伍年龄结构的合理调整，关键是要改变目前以成绩为评价教练员和体育行政部门领导工作业绩的唯一标准的观念，将保持队伍年龄结构的稳定和培养一定比例的新人也作为评价教练员和体育行政部门领导任期内工作业绩的重要内容。这样就可以使教练员和体育行政部门的领导在自己的任期内不至于因一心只想多拿点好成绩而不愿意及时对队伍进行结构调整，避免队伍在教练员和领导的更换中出现周期性的大调整和动荡，保证队伍运动水平的持续、稳定提高。

2．完善联赛赛制吸引国际选手加盟，促进中国选手在不同风格交融中成长

从当前世界排球先进国家的发展经验看，搞好本国联赛、吸引国际选手加盟、使本国选手在多种不同风格的交融中成长，是经济全球化形势下迅速提高本国排球运动水平的有效方法。意大利女排联赛由于吸引了包括中国、俄罗斯、古巴、巴西、德国等不同国家和风格的国际选手加盟，使其本国女排选手的水平在近几年中迅速提高，意大利女排在 2002 年举行的世界女子排球锦标赛中一举夺得冠军。法国和葡萄牙两国也由于其国内联赛中有很多不同风格的国际选手加盟，而在最近几年中迅速崛起，这两个国家在强队林立的 2002 年世界男子排球锦标赛中均闯入八强。

中国在开展排球职业联赛以来，也积极进行了吸引国际选手加盟的尝试，但是收效不是很大。2002～2003 赛季的全国排球联赛上，只有福建女排从泰国引进的申蒙·帕差丽和山东男排从俄罗斯引进的迪马两名国际选手。这其中除俱乐部经济实力不足、国际选手对中国排球联赛不太了解等原因外，联赛赛制上的不完善也是一个不可忽视的原因。根据国际排联规定，不允许一名球员在一个赛季中加盟两支球队。由于欧洲联赛季一般是从当年 10 月打到次年 5 月，而中国的联赛仅有 3 个月，这样国际选手若加盟欧洲联赛就可以在长赛季中赚取更多的薪水，但与中国俱乐部签约他们后几个月将无钱可赚 11。由此可以看出，中国的排球联赛要想吸引更多不同风格的国际选手加盟，就必须在赛制上与国际接轨，通过赛制的不断完善增加中国排球联赛对国际选手的吸引力。

3．完善业余竞赛制度

与专业性的排球竞赛制度相比，中国业余排球竞赛制度的完善程度要逊色很多。迄今为止，中国既没有建立大学生和中学生自己的全国排球联赛，也没有全国性的职工排球竞赛制度，这在很大程度上制约了中国业余排球竞赛活动的开展。为了使中国业余排球竞赛和专业排球竞赛都能够红红火火地开展起来，我们必须加大业余竞赛体制的完善工作，适时建立起大、中学生的全国联赛以及广大职工的全国性或行业性比赛，用以“点”带“面”的方式促进全国业余排球竞赛活动的开展。

(六) 完善训练管理体制，加强运动员的文化教育

运动员是中国排球运动可持续发展的最重要的人力资源，20 世纪 80 年代中国排球运动之所以能够创造史无前例的辉煌成就，“一条龙”训练体制提供的充足的排球运动员是其中一个重要原因。然而，随着中国经济体制改革的深入进行，从事排球训练的利益格局发生了变化，人们清楚地看到国家已不可能再为运动员负责一辈子，而上大学、接受更好的教育则是市场经济对人的全面发展的一项基本要求。排球训练过程中存在的淘汰率高、牺牲文化教育时间搞训练以及文化教育质量不高等弊端，使得很多家长不愿意让有运动天赋的孩子从事排球训练，而好好读书然后上大学则无疑是一种风险更小、回报更高的明智选择。社会发展的需要和人们观念的转变，使中国的“一条龙”训练体制从中间和底层就出现了招生困难，排球运动员队伍，尤其是青少年排球运动员队伍面临着严重的人才短缺。

根据有关研究者的调查，影响运动员文化学习的主要因素是时间和精力。因此，从训练管理体制的完善上着手解决学、训之间的矛盾是问题的根本出路。首先，体育系统要主动把业余训练阶段的青少年排球运动员的文化教育任务交给教育部门，使青少年排球运动员的文化教育回归普通学校教育这个教育大环境，自己则集中力量抓好业余排球训练和竞赛。上海市把业余运动队和教练员编制转移到中学，一些地方把业余体校合并到重点高中，以及北京体育大学竞技体校“半天训练、半天文化课学习”的“亦训亦学”等模式，都充分体现了这种趋势。其次，要用明确的管理制度规范教练员的训练安排，要求教练员加强科学训练、提高训练的效率，严格控制每天的训练时间，使青少年排球运动员能够有更多的时间和更充足的精力进行文化课的学习。

(七) 加强科学训练，提高排球运动的训练效率

1．准确把握现代排球运动的发展规律和趋势

准确把握现代排球运动的发展规律和趋势，是加强排球运动训练的科学性、提高排球运动训练效率的前提。然而，目前中国各级排球队伍在准确把握现代排

球运动发展规律及趋势的敏锐性和及时性方面，还不能够令人满意。

1999 年，国际排球运动的竞赛规则发生重大变化，每球得分制开始正式实行。为了尽早适应新的规则变化，了解规则变化后排球比赛出现的新规律，排球运动管理中心决定在 1998—1999 赛季的全国排球联赛中提前实行每球得分制。每球得分制的实行使得每项技术均能得分也能失分，尤其是发球技术由过去的“失误丢球权”变为“失误直接丢分”。这一变化使得参加联赛的绝大多数球队认为发球将要向着减弱攻击性和求稳的方向发展，结果 1998—1999 赛季的全国排球联赛中发“菜球”的做法盛行，发球的得分率和破攻率与以往相比锐减。直到 1999 年中国队参加在日本举行的世界杯男排赛时才发现，世界排坛各强队的发球攻击性不但没有减弱反而比以往更为加强了，尤其是俄罗斯队在与中国队的比赛中更是不惜以一局高达 10 次以上的发球直接失误，坚持用大力跳发球来破坏中国队的接发球进攻，并最终以 3:0 取得比赛的胜利。从此，国内排球界才对实行新规则后坚持发球攻击性的重要性有了重新的认识，各俱乐部和国家队都在都积极寻找提高发球攻击性的途径和方法。其实，每球得分制的实行虽然改变了各项技术在总得分中的比例，但并没有改变排球运动的基本规律，发球这项技术无论是在采用球权制时还是采用每球得分制后，都是牵一发而动全身的重要技术。然而，国内大多数运动队对这一正确认识的获得至少比国际上落后了一年多的时间，没能及时、准确地把握住规则修改后的发球发展趋势。

中国排球运动的技战术特点一直是以快速多变、充分发挥多人多点的集体战术配合为鲜明特色的。因此，长期以来中国在排球运动训练中一直是非常强调集体配合训练，尤其是中国女子排球选手在身高、力量等方面与欧美强队存在一定差距的现实，更强化了我们重视集体配合的信念。然而近些年来的训练和国际比赛实践表明，我们的集体配合并没有表现出我们希冀的优越效果来。中国女排的陈忠和教练在 2002 年中国排球协会训练科研委员会全体会议上谈到中国女排参加世界锦标赛的情况时也指出，欧美强队的快攻主要是单人单点的突破，但效果并不比亚洲的差。难道是中国排球训练的指导思想错了吗？排球比赛到底是靠集体配合还是要突出个人能力？其实，重视集体配合的训练指导思想是没有问题的，关键是对个人能力与集体能力之间关系的认识出现了一些偏差，没有充分认识到提高个人能力是促进集体能力提高的重要前提这样一个显而易见的事实。对此，中国排球协会副主席、著名排球专家祝嘉铭先生一针见血地指出，“没有超凡的个人能力，就不可能表现出强大的集体配合效果。”

从以上两个事例中可以更为清楚地认识到，目前中国各级排球队伍在把握现代排球运动的发展规律和趋势的准确性、及时性和敏感性方面还存在一定的不足。因此，必须下大力气提高对现代排球运动发展规律和趋势的正确性、及时性和敏感性的把握，只有这样才能为促进中国排球运动训练的科学化、提高训练效率提供前提条件。

2．转变训练观念，提高训练效率

20 世纪 60 年代初期，日本女排在有“魔鬼”之称的大松博文教练的率领下异军突起，在 1960 年之后的连续 118 场国际比赛中，日本女排以仅负 9 局的骄人战绩获得全胜，震惊了世界排坛，被誉为“东洋魔女”和“远东飓风”。经周恩来总理批准，大松博文教练于 1965 年 4 月 21 日—5 月 23 日期间应邀来华在上海协助中国队训练。在训练期间，中国专门组织了学习组和医务监督组对大松博文的训练进行了研究。在全面总结中国已有训练经验的基础上，借鉴大松博文训练中的精华，中国体育界提出了至今仍指导中国各运动项目训练实践的“三从一大”(从难、从严、从实战出发和大运动量训练)训练原则。然而，长期以来，在中国排球运动训练实践中却存在着对“三从一大” 训练原则中“大运动量训练”的理解偏差，片面地认为“大运动量训练”就是“长时间训练”，由此导致每天安排 7～8 个小时甚至更长时间训练的情况屡见不鲜。而欧美强队的通常做法是，平均每天只训练 3～4 个小时。

对于“三从一大”训练原则中提到的“运动量”，按照现代运动训练学的理论，应理解为“运动负荷”，也就是“运动员在承受一定的外部刺激时，机体在生理和心理方面所承受的总刺激”。而“运动负荷”则包括“负荷强度”与“负荷量”这两个既互相区别又相互联系的基本结构。“负荷强度”指在单位时间或单个(单组)动作中运动员机体所承受的负荷刺激，或者说是在单位时间或单个(单组)动作中运动员机体所承受的一定外部负荷刺激量所引起的内部应答反应。“负荷量”指在持续、连贯的身体活动过程中，运动员机体在承受一定外部刺激总量时所表现出的内部应答反应的程度。运动员在一次训练课中所承受的总负荷是负荷强度与负荷量的综合效应，同一个总负荷可以由不同的量和强度匹配组合而成。负荷强度在现代训练和比赛中的地位越来越重要，现代训练已由 20 世纪 50、60 年代的突出负荷量转变为突出负荷强度。从以上有关的运动训练学概念和理论可以知道，同一个较高水平的总负荷既可以通过突出负荷强度控制负荷量达到，也可以通过突出负荷量控制负荷强度来实现，关键是要根据每次训练课的目的和具体要求确定一个负荷强度与负荷量的最佳组合方案。长期以来，中国排球运动训练中片面地靠延长训练时间来追求大的总负荷的做法，既不符合现代运动训练的发展趋势，又违背了负荷控制理论中负荷强度与负荷量之间的相互依存关系，不仅影响训练的效率，也浪费了运动员大量宝贵的休息和学习等其他活动的时间。因此，广大排球教练员必须全面、准确地理解“三从一大”训练原则中“大运动量训练”的实质，及时修正以往训练观念中的偏差，合理组合训练负荷与训练量，切实搞好排球运动的科学训练，提高训练效率。

3．以人为本，预防伤病

由于中国排球运动训练实践中片面地靠延长训练时间来追求大的总负荷的现象普遍，而且“青少年训练成人化”倾向严重，致使正处在生长发育阶段的中国青少年排球运动员群体出现较高的运动损伤比率。2002 年，有关科研人员对在秦皇岛基地参加中国排球后备人才训练营集训的男、女各 40 名排球运动员(男子平均 18 岁、女子平均 17 岁)的伤病情况进行了检查，结果完全没有伤病的训练营运动员寥寥无几。青少年排球运动员中出现较高比率的运动伤病现象，既不利于他们运动技术水平的提高，也严重影响他们的身心发育。

另外，在中国排球运动的训练实践中人们对“轻伤不下火线”的观念持有一种近乎偏执的认同态度，将带伤坚持训练和比赛的行为视为是运动员顽强意志品质的体现而加以鼓励和强化，结果小伤病往往由于得不到及时、充分的治疗和康复而累积成大伤病，最终导致运动员运动寿命缩短甚至终结。中国前著名排球运动员、在世界排坛享有“铁榔头”美誉的郎平曾回忆说：“我26岁那年就退役了，主要是因为我的膝伤再也承受不了那样的训练了，一跳膝关节就积水，肿得老高。现在国外选手每天只训练 2—3 小时，但她们到 36 岁也还照样能跳。我们练 10 年的运动量可能是人家练20年的运动量，但我们10年就耗尽了”。中国另一名曾受到过数家欧洲高水平俱乐部青睐的优秀男排运动员陈琦，也是因为伤病而即将结束运动生涯。据《中国排球》杂志报道，“本来，他一开始只是右腿肌肉拉伤，如果安心疗养可以完全治好的。但种种原因迫使他不得不带伤征战。于是，他只好老用左腿起跳。没想到，右腿未愈，反而把左腿也拖累坏了。可就是这么一个双腿俱伤的人，仍不时出现在赛场中。在一些重要比赛中还要首发上场，打满全场”。陈琦认为，“全国排球联赛虽然已进行了五六年，但依然有很多问题没有解决，而(国内外)对于运动员伤病的处理，更是有截然不同的方式。在国内，很多教练员总是强调要用意志品质克服伤病，可在国外绝不会发生这样的情况。受伤以后怎么练、练多少都有人研究。”他举例说，就我的伤而言，如果在国外的话，绝不会发展到这种程度，甚至是可以避免的”。郎平和陈琦的例子可以说是中国排球运动训练现实的一个缩影。

运动员是竞技排球运动中最为宝贵的资源，他们是提高中国竞技排球运动水平的主要依靠力量，运动员身心的全面、健康发展是第一位的事情。我们在强调提高运动成绩需要顽强意志品质的同时，千万不能忽视运动员伤病的及时治疗和彻底康复，这是中国排球运动可持续发展的必然要求。因此，在今后的排球运动训练中，要大力树立以人为本的观念，关心运动员的身体健康，积极采取合理、有效的训练方法和手段预防伤病，一旦出现伤病要及时治疗，科学安排受伤运动员的康复和训练计划，辩证地看待“轻伤不下火线”这一观念的利弊得失。

(八) 以校园排球活动为重点，大力开展群众排球活动

1. 以校园排球活动为突破口，扩大青少年排球人口

据教育部的统计，全国拥有小学、初中、普通高中、中等职业教育学校、

普通高校 46.1036 万所，在校学生 22 649.93 万人。众多的青少年在校学生，为中国群众排球活动的普及和开展提供了一个巨大的潜在目标人群。首先，对广大青少年进行体育教育是中国教育目标的一个重要方面，在各级各类学校中大力开展校园排球活动符合中国学校教育的目标和要求。中共中央、国务院在进一步加强和改进新时期体育工作的意见中着重指出："青少年体育以学校为重点，……各类学校要培养学生德、智、体、美全面发展，提高体育教学质量，确保学生体育课程和课余活动时间，把具有健康体魄作为青少年将来报效祖国和人民的基础条件"。排球运动由于能够全面发展人体的各系统及器官的机能，对正处于身体增长和发育阶段的用。其次，要与教育部门合作建立不同级别和组别的稳定赛制，每年定期组织若干次校园排球竞赛，利用竞赛的刺激作用带动校园排球活动的开展。最后，要制定相应的政策，要求各级专业运动队及运动学校的排球队每年到所在地区的若干所学校进行义务表演和辅导，以"榜样"的力量帮助所在地区校园排球活动的开展。另外，排球运动管理中心要创造条件，按照一定的评选办法，每年在器材、设备、人员培训和制定校园排球发展计划等方面给各级学校以切实的帮助和具体指导。只有这样，排球活动才能在校园这块潜在的阵地上得以普及。

2．为群众排球活动的开展提供物质条件和指导力量上的具体支持

除了必要的体育组织机构的指导和组织外，群众体育工作的开展还必须依赖足够的场地、器材、设施等物质条件的支持和体育指导员队伍等服务体系的支持。2002 年 7 月 22 日，中共中央、国务院在关于进一步加强和改进新时期体育工作的意见中指出："随着国民经济的发展和人民物质文化生活水平的提高，要逐步改善群众性体育运动条件，为广大人民群众提必要的体育设施和体育服务。"从前面的分析中已知，中国排球运动的场地、场房数量还不足以满足中国群众排球活动开展的需要，目前更没有专门为群众排球活动提供指导和服务的指导员队伍。因此，切实加强开展群众排球活动所需的物质条件和服务保障，将是促进和推动中国群众排球活动的另一重要措施。

经国务院批准，原国家体委在全国统一发行了体育彩票。几年来，中国体育彩票发行工作发展迅速，体育彩票的年发行量呈持续上升趋势，为中国群众体育事业的开展提供了一条重要的资金补充来源。借助体育彩票公益金的资助，有关部门就可以分期、分批地在全国各地城乡的适当场所逐年设立一定数量的排球运动场地和器材设施，并以此为机遇在条件具备的地方逐步建立排球指导员队伍，为城乡广大人民群众开展大众排球活动提供场地设施和服务上的便利，促进中国群众排球活动的大力开展。

3．建立完善的激励机制和奖励措施

改革是一种以路径依存关系为特征的创新活动，改革措施和对策的实施是一环紧扣一环的，任何一个环节的工作不到位都会影响改革的效果。对于中国群众排球活动的开展来说，除了要充实基层排球协会的组织力量、加强与各级群众体育组织的合作和为群众排球活动的开展提供所需的物质条件和服务保障外，还必须建立起完善的激励机制和奖励措施。通过激励机制的运行和奖励措施的实施，协调好各方的利益、调动各方的积极性，充分发挥各级群众体育组织、群众排球活动骨干分子等群体和个人在群众排球活动开展过程中的组织才和带头作用，为中国群众排球活动的良性运行服务。

4．抓住机遇，以“挑战排球”活动的开展促进中国群众排球进一步普及

排球运动技、战术水平的不断提高和网上制空权争夺的日趋激烈，促使排球运动员的身材不断向高大化发展，排球运动在一定程度上已成为一项名副其实的“巨人”游戏，这不但使很多徒有良好排球天赋的矮个子选手无缘世界高水平的排球比赛，更使排球运动在世界范围内的普及程度受到了严重的制约。有关的人口调查研究表明，身高在185cm以下的男子和175厘米以下的女子占世界人口的95%以上。因此，从推动世界排球运动的普及、增加世界排球人口的角度，国际排联提出了一项名为“挑战排球”(Challenge Volleyball)的计划，并计划将来推出一项限制身高(男子身高在185厘米以下、女子身高在175厘米以下)的世界排球锦标赛，泰国的南部城市Pattani已于2003年举办了首届限制身高(175厘米以下)的亚洲女子排球比赛。

国际排联“挑战排球”计划的推出，为中国群众排球活动的进一步普及和开展提供了一次难得的机遇。作为指导和组织全国排球运动开展的排球运动管理中心必须从思想上重视“挑战排球”计划对中国群众排球活动的普及和开展的重要意义，采取切实措施来抓好这项活动。首先，要加强对国际排联这项“挑战排球”计划的宣传，使更多的人了解这项计划及其意义，尤其是要激起那些有良好的排球运动天赋但身材条件却不太理想的排球爱好者打好排球的信心和愿望，使更多的普通人投入到参与排球并感受排球的乐趣之中。其次，要尽早做出开展“挑战排球”活动的规划，使这一活动能够在有序的组织下蓬勃开展起来。再次，要尽快推出国内不同级别的“挑战排球”比赛，靠竞赛的杠杆作用推动和促进“挑战排球”计划在中国的开展。

(九) 大力培育排球市场，促进排球产业的发展

1. 进一步下放经营权利，调动俱乐部产业开发的积极性

排球俱乐部是排球运动职业化、市场化发展带来的产物，也是排球产业开发的最基本依靠力量，只有各俱乐部的排球产业开发搞得好，整个排球市场才能繁荣、兴盛。为了促进各俱乐部积极参与排球产业开发，中国排球协会于2000年出台了由各俱乐部承办主场比赛并增加各俱乐部队在联赛主场比赛中的广告份额的新规定，使各俱乐部主动开发排球市场的热情渐增。今后，中国排球协会应进一步下放手中的经营权利，给各俱乐部以更多的市场开发权利和实惠，从利益的调整上调动各俱乐部参与排球产业开发的积极性。

2. 优化排球产业开发人员结构，引进专业经营和管理人员介入排球产业开发

排球产业开发是新的社会发展形势下，运用市场规律对排球的产业价值进行商业开发和市场化运作的过程，这在客观上要求排球产业开发的从业人员具备相当程度的市场营销和管理方面的专业知识及经验。

然而，由于“怕‘外人’不懂或办走了样”，以及怕“‘别有用心的人’利用手中的无形资产赚了钱”，导致排球产业开发过程中专业的市场营销和管理人员参与不够。2000年夏天，八一金汉王俱乐部男排主教练陈刚在中央电视台“五环夜

话”节目中谈到即将出台的“由俱乐部承办全国排球联赛的主场比赛并增加俱乐部在联赛主场广告中份额”的新规定时无奈地说:“如果我懂经营，你给我经营权是好事；但因为我不懂经营，你给我经营权就不见得是好事。况且我也没有时间和精力去搞经营活动”。陈刚教练的一席话真实地反映了目前中国大多数排球俱乐部的实际经营、管理状态。由于没有建立起现代企业的管理制度，俱乐部内部人员的责、权、利不清，缺乏专业市场营销和管理人员参与经营和管理活动，很多对外宣传、联络以及经营活动都要由本该重点抓训练和比赛的主教练亲自出马，教练怎能不“无奈”？

观念上的滞后和组织制度上的不健全，严重影响着中国排球产业开发的效益。要想改变这种状况，首先必须转变观念，从思想上认清引入专业市场营销和管理人员对于提高排球产业开发效益的重要意义；其次，必须从组织建设上优化排球产业开发人员队伍的专业结构，引进一定数量的专业市场营销和管理人才加入到排球产业开发人员队伍中。或者，以委托合同的方式将本部门的产业开发业务委托给专业的市场中介公司来进行，并严格规定好当事双方的则、权、利。

3．集思广益，大力培育排球市场

目前，中国排球产业开发的种种困难是与排球市场的规模不大紧密相关的。所以，要集思广益，采取有效措施大力培育排球市场，努力扩大排球市场规模。

(1) 培育联赛的主要观众群体。排球球市的兴衰取决于联赛，而联赛能否火爆则取决于球迷和观众的支持。任何一个成功的联赛必须拥有自己稳定的观众群体。由于中国开展和普及排球运动的重点是在广大的青少年群体当中，而且青少年群体又是各年龄段人群中最具“追星”热情的，因此青少年人群理应该成为排球联赛需要培育的首要目标人群。然而这种目标人群还仅仅是潜在的目标人群，如何促使广大青少年为排球运动的独特魅力所吸引并最终成为现实的排球联赛观众呢？于立贤(2002)在对三大球魅力的价值学研究中指出，大学生对于三大球运动魅力的感受主要取决于其对三大球运动的价值评价，时机、地域、中介、舆论和价值观念是影响价值评价的主要环境因素。舆论具有一定导向作用，它通过影响大学生周围的环境而对大学生的价值评价产生一定影响。借鉴这项研究结果，联赛的组织者和有关俱乐部应充分利用多种现代传媒手段，在不同的时机和场合，从多种视角向青少年学生宣传、介绍排球运动的独特魅力及其在促进人格发展中的作用，引导青少年学生逐步学会在参与和观赏排球活动的过程中享受排球运动的独特魅力。

(2) 培养和打造排球明星，加强联赛的宣传和包装。1999～2000 赛季，一位资深教练出身的全国排球联赛技术代表望着某赛区冷清的联赛赛场感慨地说："排球联赛像个'大家闺秀'，总是羞羞答答的，已经站在了大家面前，却不愿大大方方地向人介绍自己"。该技术代表的一番话，在一定程度上折射出了排球联赛在宣传和包装方面的不足。

客观地讲，排球联赛推出之后组织者在市场的宣传和包装方面还是进行了不少的努力和尝试的，与中央电视台合作转播和录播比赛、在新浪网上发布比赛成绩、由李宁公司给各队设计专门队服等举措就反映了这种努力和尝试。但这些努力和尝试在深度和广度方面还远远不够，往往只注意了在电视、报纸等大众媒体上的"单向"宣传和包装，却忽视了在赛场现场有球迷和企业参与的"双向"宣传和包装。因此，要想改变排球联赛宣传和包装不力的状态，就必须广开思路，从广度和深度两方面深入挖掘新的宣传和包装亮点及切入点。

下面这两个事例也许可以帮助我们开阔一些有益的思路：在 2000 年全国排球联赛沈阳赛区的一场男排比赛的赛前练习中，客队一名球员在与同伴练习时把球垫到了观众席上。一名男中学生将球捡回交给了这名队员，并请他陪自己打两下。该队员饶有兴趣地陪男孩传、垫了几次球，并尽全力把那男孩"扣"向他的东一个西一个的球给垫回去。此举引来了现场观众热烈的掌声。男孩也兴奋异常，脸上露出骄傲的神情，回到座位后连声对身边的同伴说："我和'运动员'打球了!"

在 2000 年全国排球联赛沈阳赛区的一场男排比赛前，一位中年观众领着小孩从看台上下来绕到比赛场地外面，恳求工作人员为其小孩请正在做赛前练习的某国手签名，并说："我们是特意从××市大老远赶来的，我的小孩就希望能让×××给签个名。等一会儿比赛开始人家就没空了，求您帮我说个情吧!"

从以上两个事例中不难看出，专业运动员和明星选手在普通球迷尤其是青少年球迷群体中，还是有相当吸引力的。球迷与排球明星进行“切磋”及明星给球迷签名等活动，不但是很好的情感交流方式，更是一种非常好的吸引观众和宣传、包装球队的机会。事实上，只要认真观察研究、勤于思考，随时随处都可以发现新的亮点和切入点进行宣传和包装。正所谓：只要观念不滑坡，办法总比问题多。

参 考 文 献

[1] 黄汉生．球类运动：排球[M]．北京：高等教育出版社，2015．

[2] 刘晓树．空中飞球：排球[M]．南昌：二十一世纪出版社，2014．

[3] 何维彦，谢大伟，孙成．排球[M]．北京：清华大学出版社，2015．

[4] 于贵和．软式排球、沙滩排球、气排球理论与方法[M]．北京：北京师范大学出版集团，2015．

[5] 刘云民，王恒．排球教学与训练[M]．哈尔滨：哈尔滨工程大学出版社，2016．

[6] 王鲁克．体育教学技能[M]．北京：人民体育出版社，2017．

[7] 杨锡让．实用运动技能学[M]．北京：高等教育出版社，2004．

[8] 古松．排球基础教学与训练[M]．北京：北京体育音像出版社，2004．

[9] 陈刚．现代排球教程[M]．长春：东北师范大学出版社，2019．

[10] 虞重干．排球运动教程[M]．北京：人民体育出版社，2016，

[11] 杨世伟．体能训练学[M]．北京：高等教育出版社，2002．

[12] 张中秋．运动技能学习与控制[M]．北京：北京轻工业出版社，2017．

[13] 梁健，任庭贵，赵富雄，等．排球[M]．北京：北京师范大学出版社，2016．

[14] 宋元平，马建桥．排球运动技能学习分析[M]．北京：北京体育大学出版社，2011．

[15] 孟国荣，张华，李士荣．基础体能训练方法解析[M]．哈尔滨：哈尔滨地图出版社，2008．

[16] 刘佳，唐竞成．排球[M]．长沙：湖南大学出版社，2018．

[17] 赵青．排球技战术全图解[M]．北京：北京体育大学出版社，2009．

[18] 谭成清．体能训练[M]．长沙：湖南师范大学出版社，2012．

[19] 黄华清．运动与健身[M]．武汉：华中科技大学出版社，2018．

[20] 陈小珍，肖丽，等．排球[M]．北京：北京体育大学出版社，2001．

[21] 孙平．现代排球技战术教学法[M]．北京：北京体育大学出版社，2008．

[22] 陈亚麟．现代排球[M]．西安：西北工业大学出版社，2011．

[23] 温金河．排球运动的素质训练和技战法[M]．郑州：黄河水利出版社，2012．